グルメぎらい

柏井壽

光文社新書

グルメぎらい——目次

第2章　モンスター化するシェフ　53

第3章　〈食〉を知らない困った客　99

第4章　どこかおかしい、グルメバブル

はじめに

グルメぎらい。

少しばかり刺激的すぎるタイトルかもしれません。いちおう僕も、グルメの端《はし》くれとして見られてきたでしょうから。

美味しいものを食べて、それについていろいろと書くようになってから、ずいぶん長い時間が経ちました。

この間、食のあれこれを語ってきました。京都の食。地方のローカルグルメ。自分なりに感じたことを、思ったとおりに書いてきました。なので、僕がグルメと称されることも少なくありませんし、それを否定することもありませんでした。

僕がはじめて本を書いて、その中で食のことをあれこれ綴《つづ》ってから二十五年以上が経ちました。四半世紀ということです。

赤ん坊だって二十五年も経てば立派なおとなになります。それと同じように、僕も少しは成長しました。

その結果、食に対する考え方が大きく違ってきました。

もちろん根本は同じなのですが、最近の、いわゆるグルメブームには疑問に思うことが少なくないのです。

それは、ひょっとすると、さんざん自分は若いときにヤンチャをしてきたくせに、すぐ〈今どきの若いもんは〉と言う年寄りの戯《ざ》れ言と同じなのかもしれません。そう思って読んでいただくのが一番いいのだろうと思います。

今のグルメブームの端緒を開いたことへの懺悔《ざんげ》の気持ちも少しはあります。

美味しいものを食べること。その根本には何があるのか。少し大げさに言えば、どう考えればいいのか。

そんなことを考え、書き綴ってきたことを一冊にまとめることにしました。

ただただ美味しいものを素直に食べることをグルメと呼ぶなら、きらいなはずがなく、僕はグルメ好きです。

しかしそれをねじ曲げてしまって、ごく一部の富裕層の方たちや、食をビジネスとしかとらえていない人たちだけをグルメと呼ぶなら、「きらいだ」と言うしかありません。

美味しいものを食べることと、グルメという言葉のあいだには、おかしな距離ができてしまった。なぜそうなったのかを検証してみようと思います。

グルメという言葉

さて、いつからでしょう。こんなに多くの人が食を語るようになったのは。

少なくとも東京でオリンピックが開かれたころ、一九六四年までは、食べ物の話をする機会は、それほど多くなかったように記憶しています。

もちろんそれまでも、まったくなかったのではありません。子どもどうしの会話でも、ときには〈どんな食べ物が好きか〉というテーマが上り、それぞれが〈コロッケが好き〉とか、〈カレーが一番〉だとか、〈玉子焼き〉といった声が上がり、中に〈すき焼きが好物〉なんていうことを言う友だちがいたりすると、なんと贅沢《ぜいたく》な、とみんなから白い目で見られたりしたものです。

それが今はどうでしょう。

テレビでも食をテーマにした番組はたくさんありますし、食べ歩きやレストラン紹介のコーナーを、テレビで見かけない日はほとんどありません。新聞や雑誌もそうですね。これでもか、これでもか、というほどに料理の写真が紙面や誌面を飾っています。

すき焼きなんて贅沢のうちに入らないようで、フォアグラやキャビア、トリュフなどという希少な食材でも使わないと、贅沢だと言ってもらえないのが今の世の中です。

中でも食を語る人や、料理の写真があふれているのは、なんといってもSNSの世界でしょう。

かくいう僕もフェイスブックを数年前から始めていて、ほぼ毎日のように料理の写真を投稿しています。ただ僕は外食するとき、同じ店で食べることがほとんどなので、いつも同じような写真になってしまいます。それでも〈いいね！〉をたくさんいただくと申し訳ないような気持ちになります。

数年前に始めた当初は数十人だったお友だちも、今では数百人をはるかに超えていますので、全部に目を通すとかなりの時間がかかります。好きで始めたことなのでそれはいいのですが、みなさんの投稿の多くが食の話だということには驚かされます。

それも僕のようなマンネリではなく、格付けガイド本に載っているような有名店から、予約の取れないことで有名な店まで頻繁に訪ねて、その店の様子から料理の数々までを、写真付きでつぶさに紹介されているのです。

食に詳しい人のことを、以前は食通と呼んでいました。食の歴史から食材のこと、料理法に至るまで、うんちくを語れる人ですが、今はグルメと呼ぶことが多いようです。

しかしこのグルメという言葉、日本ではいつから使われるようになったのでしょう。元はフランス語だそうですから、古くから使っている人もいたのでしょう。でも一般的になったのは、あの漫画が始まったころからではないでしょうか。そう、『美味しんぼ』です。

ふたつの大手新聞社の文化部どうしが、決められたテーマの料理を競い合う、というのが大筋で、その対決の様子を面白おかしく描きながら、料理の知恵やうんちくを披露するという漫画は、のちにグルメ漫画と呼ばれるようになります。

『美味しんぼ』の連載が開始された一九八三年をグルメ元年と呼んでもいいでしょう。それから三十数年が経ち、グルメブームは衰えるどころか、ますますヒートアップしてきました。

第1章

「グルメ自慢」ぎらい

ミシュランという黒船の来襲

グルメ漫画から始まったグルメブームに拍車をかけたのは、フランスのタイヤメーカーが出版するガイドブックの日本版だったことに異論はないでしょう。出版される前、まだこの本の実態をよくつかみ切れていない料理界は、この本を黒船に喩《たと》えていました。

彼《か》の国では一九〇〇年にパリで万博が開かれたときに出版されたのがはじまりだといいますから、百年以上の歴史を持つ、由緒正しいガイドブックです。そしてその日本版が発行されたのは二〇〇七年のことで、東京だけのガイドブックでした。その二年あとには京都・大阪版も発行され、このころから全国的な話題になってきたようです。

フランスといえば美食の元祖ともいうべき存在です。その国の本で、かつ世界的にも名が知れたガイドブックですから、そこに掲載されるということは世界的権威が認めた店だとみんなが思ってしまったわけです。

日本で最初のミシュランガイドが出版された二〇〇七年。この年から日本のグルメブームがいびつな形になってしまったと僕は思っています。

その最大の理由が格付けというランク分けです。

三ツ星から星無しまで、自分たちの勝手な評価で店のランクを分けてしまう。こんな乱暴なやり方は日本には馴染まない、きっと定着しないだろうと僕は思っていたのですが、いつの間にかその手法が当たり前のようになってしまいました。

料理に限ったことではありません。日本文化は、西洋の合理主義とは発想を異にするものです。一+一が二にならなければおかしいとする西洋に対して、日本文化はその答えをときに三とし、或《あ》いはゼロとしてきたのです。尺度というものがまったく違うのですから、一軒の店を合理的に格付けしたとしても、それは何も意味を持たないのです。

それを一番理解していたはずの、日本料理界の人々までもが、星の数に一喜一憂するようになるとは、まったく思ってもみませんでした。

当初は反対していた、京都の老舗《しにせ》料亭の主人たちも腰砕けになってしまい、今では誰もこれに異を唱えなくなってしまいました。ただひとり、祇園下河原に暖簾《のれん》を上げていた『浜作』のご主人、森川栄さん以外は、です。

板前割烹の元祖と称される『浜作』の当代主人である森川さんは、ミシュランの日本版が出版された当初から、ずっとその姿勢、主張を変えませんでした。それは『浜作』の星がいくつになっても同じです。この話はあとで詳しく書きたいと思います。

それはさておき格付け本です。

かつて、日本にもこういうものがまったくなかったわけではありません。たとえば番付という形。有名料理店を東と西に分け、それぞれに横綱や大関を置いて相撲のように筆文字で一枚の表にする。これはしかし格付けというよりもお遊びの範囲のことであって、調査員が店に出向くわけでもなく、世間の評判に応じて格付けされたと言います。ひとつのお遊びですから、店側が目くじらを立てるような話ではなかったと聞きます。

極めて日本的な曖昧《あいまい》な基準で選んだ番付と違って、彼のガイド本は今ふうの言葉でいうならガチですね。選ぶほうも真剣なら、選ばれる側も、まなじりを決してその結果を見守ります。自分の店がどう評価されるのか。星がいくつ付くのか。戦々恐々なのです。

本国フランスでは、これを苦にしてかどうかは定かでありませんが、発表直前に自殺してしまったシェフもいたそうです。稀代の名シェフの誉れ高いロワゾー氏ですね。〈水〉を料理の核としていたロワゾー氏の考えは、日本的な曖昧さを内包しておられただろうに、惜しいことだったと思います。

西洋合理主義が骨の髄まで染み込んでいる欧米人であれば、星の数が減ることは我慢できないほどの苦痛なのでしょうが、まさか日本の料理人さんまでもがそんなことに右往左往するとは思ってもいなかったのです。

とある関西のフレンチレストランが降格されたことに対して、店のホームページで真っ向から反論したり、京都の店のシェフが「星が付かなければ店を閉める」と言いだしたりと、すっかりミシュランペースに巻き込まれてしまいました。これはまさしく想定外でした。

選ばれる側の料理人さんが異を唱えないのに、高みの見物をする客側があれこれ言うはずがありません。かくして日本の食はミシュランありき、になってしまいました。テレビの報道ニュースの中でも、ミシュランで三ツ星を取った云々《うんぬん》を称賛の言葉として使っています。ほかのガイドブックとは明らかに一線を画して、絶対的な価値あるものとして、信頼を置いてしまっているのです。

こうして、ミシュラン前、ミシュラン後で、日本の食事情はがらりと変わってしまったのです。

何がどう変わったか、順に検証していきましょう。

どこかおかしいグルメ用語

美味しいものを食べることは文句なく愉《たの》しいですね。そしてそれを語ることも、書くこともです。あれが美味しい、これはこんな味だと書き綴って、人に伝えることは、食の愉しみを倍加させます。口コミグルメサイトの膨大な書き込みがそれを証明しています。

それはいいのですが、その言葉遣《づか》いが、どうにも僕には気になるのです。

アマチュアのグルメブロガーさんから、プロのライターさんまで、〈食〉を語るのに、最近は共通して妙な言葉遣いをされます。なんだかみんな同じような〈食語〉があるのですね。

その典型が〈食す〉という言葉でしょうか。

――今話題のラーメンを食してみた――

というふうなグルメブログをよく見かけますね。ではこのブロガーさんは日常生活でも同じ言葉遣いなのでしょうか?

「今夜は何を食そうか」

と奥さまに訊《き》かれることは、きっとないでしょう。おうちで裃《かみしも》でもお召しになっておられるのならあり得るかもしれませんが。

ふつうに、「今夜は何を食べようか」とおっしゃっていると思います。

つまり、〈食べる〉と〈食す〉を使い分けておられるのですね。なぜでしょう。

きっと空腹をおぼえて、普通に食べているのではなく、こだわって食べていることを強調したいからだろうと思います。

僕がグルメぎらいになる一番のきっかけはこの〈食す〉という言葉でした。

なぜ〈食べる〉と言わず、〈食す〉というのでしょうか。〈食べる〉という言葉にこそ、日本の食文化の根幹があるのに、なぜグルメと呼ばれる人たちはそれを避けるのでしょうか。

〈食べる〉は〈賜《たまわ》る〉から派生した言葉です。〈賜る〉。これはすなわち、天から授かったものという意味です。日本の食材はすべて賜物という観念があることから、賜ったものを口にすることを〈食べる〉というのです。

たとえ人の手によって育てられ、収穫された野菜であっても、或いは漁師さんが命をかけて釣り上げた魚でも、更には我が子同然に育て上げられた牧畜だろうと、それらはすべて天から賜ったものだという心根を、古《いにしえ》より日本人は持ち続けているのです。賜ったものを有難く口にすることを〈食べる〉と言います。そしてそれこそが日本の食文化の根幹を成《な》しているのです。

美味しいものを〈食べる〉。至極自然な物言いをあえて避け、わざわざ〈食す〉と言い換えることは不遜《ふそん》に思えてなりません。

そして、しばしばこの〈食す〉と一緒に使われているのが、〈こだわり〉という言葉です。〈こだわり〉の食材。〈こだわり〉の料理法。食の周りは〈こだわり〉だらけになってしまいました。しかしそのふたつの言葉は、ともに日本の食文化とはまったく連関しないのです。

日本の食文化の根幹をなす言葉は、〈食べる〉のほかにもうひとつあります。それが〈御食国《みけつくに》〉です。

御食国のこと

古代から平安のころまで、日本には〈御食国〉という呼称がありました。それは朝廷や皇室に海産物を中心とした食材を献上していた国を指します。淡路、志摩、若狭の三つを指すのが一般的とされていますが、ほかにもまだあったのかもしれません。

万葉集にも登場するこの〈御食国〉という制度は、日本独特のものといってもいいでしょう。穀類を含まない希少な食材、言い換えれば美食の献上です。

雑魚、海草、貝類など地域の特産を貢ぐ。と、それらは一旦神饌《しんせん》として神に供えられ、のちに多くは直会《なおらい》という形で人々の口に入ることとなります。

ここで重要なのは、神さま経由であることです。権力にものを言わせて、強引に取り立てて美食を口にしたのではありません。あくまで本来の目的は神さまに食べていただくことにあるのです。そうしたあとに、お下がりをいただくという、謙虚なところが日本の日本たる所以《ゆえん》なんです。神さまに供えるのなら仕方がないと、献上する側の多くの民も納得したに違いありません。

天から授かった食物を神さまに献上し、その後、高貴な方から庶民へと順に下ってゆき、やがてお下がりを〈いただく〉。だからこそ〈賜る〉から派生した〈食べる〉という言葉を使うのです。

僕がグルメぎらいになったグルメ用語がもうひとつあります。それはこの〈いただく〉です。

――ご主人が自らさばいてくださった蟹をいただく。その有難さをじっくりと……（後略）
――

とある雑誌に掲載された文章。ここに書かれた〈いただく〉は、天や神さまではなく、店の主人に対しての言葉です。記事の後段に、

――一杯の蟹が、ご主人の手に掛かると至福の美味に変わる――

とありますから、この記事の書き手は店の主人から〈いただく〉のです。〈食す〉〈いただく〉という今のグルメ用語から見えてくるのは、料理人崇拝主義とでも呼ぶべき、食に対する今のおかしな風潮です。それはブログなどで使われる、料理人に対する過剰な敬語にも表れています。

――〇〇で修業なさって、目出度く独立を果たされ、開店されました――

或るグルメブログに書かれていた言葉です。まだ三十過ぎの若い料理人を、敬語満載で崇《あが》め奉《たてまつ》っています。

そしてその店へ行くのに〈訪問〉という言葉を使うのも特徴的です。個人の居宅ではなく、店へ食べに行くことをなぜ〈訪問〉と言うのでしょうか。それは食事そのものよりも、料理人に会うことを第一義としているからでしょう。

――久々の訪問。まずは店主様の××さんに本日のオススメを伺う――

雑誌の記事ならともかくも、普通の客にとって、なぜ料理人の名前が必要なのでしょうか。店の名前だけでなく、お店の主人や女将《おかみ》、料理人さんの名前までを書き込むのは、きっと店と親しいことを知らせるためでしょう。

お店との親しさを強調する傾向は更に強まり、グルメブロガーさんは、若い衆を君付けや、チャン付けで呼ぶようになります。もちろん店主やシェフのことは愛称で呼びます。美味しいものを食べに行くより、店と親しくなりたいがために通い詰めているとしか思えないのです。

そしてその料理人さんたちを手放しで絶賛するのも特徴的ですね。高みに持ち上げることで、その料理人と親しい自分も高い位置に居ると思いたいのでしょう。

多くのお客さんにとって、今や外食の最大の関心は、食べることそのものより、お店や料理人さんに向けられているのです。お店と親しくなって、それを自慢気にブログなり口コミサイトなりに書き込みたい。今の外食、とりわけ美食と呼ばれる業界はこれだけで成り立っている、と言っても過言ではありません。なんとも危うい世界なのです。

純粋に美味しいものを食べたいと思う人は、店と一定の距離を保ちます。真の食通は、店の在り様や料理そのものは詳述しても、料理人に言及することはほとんどありません。北大路魯山人《ろさんじん》などの文章を読めば明らかです。魯山人が料理人さんを愛称で呼んだりする記述を僕は読んだことがありません。

美味しい店に対する興味ではなく、美味しいとされている店といかに親しくなるか、馴染み客と呼ばれるようになるかにしか興味がない、ほんのひと握りのグルメの方たちによって、今のグルメブームは成り立っているのです。

料理人もひれ伏す、カリスマ生産者

では、お客さんの側がお店の顔色をうかがっているのに対して、その料理人さんたちの関心はどこに向いているのでしょう。その多くが実は食材の担い手です。

カリスマ漁師、カリスマ農家という存在も近ごろでは珍しいことではありません。そしてその食材の担い手に、料理人たちは全幅の信頼を寄せています。もちろんこれは、決して悪いことではありません。

それはしかし、作り手が天や神さまから賜ったものだという意識を持っていれば、の話です。多くのお百姓さんや漁師さんは常にそれを意識しているのですが、神のように崇められた作り手さんたちは、そうではないようです。

或るテレビ番組にカリスマ農家と呼ばれる人が出演していました。とあるレストランで料理をひと口食べるなり、厨房に入り込んでシェフを怒鳴りつけるのです。自分が作った野菜の旨みを台無しにする料理だ、と怒り心頭のようです。それに対してシェフはひと言も反論できず、頭を下げ続けていました。おそらくはこれもテレビの番組上の演出なのでしょうが、見ていて気持ちのいいものではありませんでした。

もちろん料理人さんの努力や、農家の方々の労苦を否としているのではありません。ただ、その前に、まずは天地の恵みであることに感謝する気持ちを持ってほしいのです。食材を作られる方も、料理人さんも、我が我が、ではなく、自然の力があってはじめて料理が出来上がることを改めて自覚してほしい。そう思うのです。そのためにも、料理に携わる方は元より、食を書く方たちにも、是非、〈食す〉ではなく〈食べる〉という言葉を使って欲しいのです。

食を愉しく語り、書き綴るときに忘れてならないのは、誰が、どんな食材を、どういう調理法で作ったか、ではなく、美味しく食べられることを天に感謝する気持ちなのです。

食語りの作法を文豪に学ぶ

食の口コミサイトには夥《おびただ》しい数のレビューがアップされています。或いはグルメブログと呼ばれる、個人の食ブログにも、これまた数え切れないほどのブロガーさんがおられて、日々その食遍歴を書き連ねておられます。これほどに食を語り合う国民がほかにいるのでしょうか。平和なればこそのことだと喜ばなければいけませんね。

食を語ると言えば、元祖とも呼ぶべきは文豪をはじめとする、作家さんと文人墨客《ぼっかく》たちです。彼ら彼女らは大作を生み出す合間の余技として、食べることを気ままに書き綴りました。中には食専門とも言えるほどに、食を綴り続けた作家の方や文人も少なからず存在していました。いや、今もおられます。

これら先達が書く食にあって、今の時代のライターやブロガーにないもの。それは品格だと思います。

食べることは、性欲や睡眠欲と同じで、人間の本能に基づくものです。

つまり食べるという営みは、動物的本能に基づくものですから、性と同じように、ともすれば猥雑《わいざつ》な空気を漂わせる文章になってしまいます。

名だたる文人や作家たちは、さすがの筆致で、食に情趣を加えます。まるで実際に食べているような、いや、それをも上回る味わいを感じ取ることができるというのは、文章のプロならではでしょう。更にそこに、さりげなくうんちくがちりばめられているのもにくいです。味わいに加えて、知識まで与えてくれてこその〈食語り〉だろうと僕は思っています。そして最も肝心なことは淫《みだ》らにならないことですね。

卑近な例で申し訳ないのですが、長きにわたって読み継がれている優れた文学に描かれている性描写と、いたずらに動物的本能を刺激するような官能小説は、まったく違いますよね。

それと同じです。文豪の描く食と、多くの食レビューやブログに書かれる食は似て非なるものなんです。

たとえば蕎麦《そば》を食べるとして、文章のプロたちは、その一杯の蕎麦を包む情景を描写することに、最大の意を注ぎます。

店の佇《たたず》まいから始まり、主人の立ち居振る舞い、もしくは内儀の気配り。そして器や盛り付けまで。これらを描き切ることで、蕎麦の味わいが読み手の脳裏に、くっきりと浮かんで来るから不思議です。といっても、主人や女将の実名を書くことは滅多にありません。ましてや愛称で呼んで親しさを強調するなど論外です。

つるりと喉越しのよい更科《さらしな》蕎麦か、香り高くも荒々しい田舎蕎麦か。蕎麦そのものに触れなくても読む側に伝わってくるのです。これこそが〈食語り〉の醍醐味ですね。

これと比べるのも先人たちには失礼かもしれませんが、今の食の書き手たちは、微に入り細を穿《うが》ち、あーだこーだ、と食そのもののディテールばかりを書き込んで、ちっとも周りの情景を描いてくれないのです。

蕎麦そのものについては、事細かに書いてくれます。どこそこ産の蕎麦粉を使い、から始まり、石臼で挽き、だの、エッジを立てて、だの、如何にその蕎麦が素晴らしいかという賛辞を連ねることには熱心です。蕎麦だけではありません。ありとあらゆる食材や調理法に通じておられるのでしょう。

しかしそれらはすべて店側の情報を垂れ流しているだけの受け売りに過ぎないことが、読み進むうちに分かってきます。

だってそうでしょう。六十三度で十三分加熱した、なんて食べて分かる話ではないのです。

〈食語り〉は店の広報文ではない

これではまるで店の広報文ではないか。そう思うことがよくあります。

蕎麦に限ったことではありませんが、プロもアマも、料理人さんの言葉を鵜呑《うの》みにして、それをコピーしたかのような文章は味も素《そ》っ気《け》もないと僕は思います。食べて何かを感じる前に、知識が先行してしまっているのです。

蕎麦ではなく牛肉料理だとしましょう。まずはブランド名を挙げ、それをどれほど熟成させたか。何度で調理したか。まるで科学の実験のような記述を、その場に立ち会っても居ないのに、断定的に書いてしまうのも今の書き手さんたちの特徴です。

ちゃんと検証したのでしょうか。トレーサビリティを、熟成期間を、調理温度を、ずっと付きっ切りで確認して書いたのでしょうか。おそらくは否でしょう。そんなことできっこありません。

肉料理でよく使われる言葉に、時間調理があります。たとえばシチュー。十二時間煮込んだ、と言われても誰も確かめようがないではありませんか。店に住み込んで寝ずの番をしないかぎりは、店側の言い分を信じるしかないのです。

たとえそれが実際には五時間ほどだったとしても、十二時間と書くことになってしまいます。料理人さんに限ったことではなく、人間というものは、こういうことは、ついつい誇張したくなるものなのです。大きな声では言えませんが、僕だって三日で書き上げた文章を、十日を費やして書いた、と大げさに言ってしまうことがあります。

だからこういう類《たぐい》のことは書かないほうがいいのです。

基本的に僕は、食を綴るときに、この手の情報は書かないようにしています。雑誌ならキャプションで補うことはあるかもしれませんが、産地ですら〈だそうだ〉と書き、絶対に断定はしません。

――このカレーには近江牛を使っているそうだ――

というふうにです。

だって確かめようがないでしょう。比較的安価なモモ肉だとは言え、七百五十円のビーフカレーに八十グラムの近江牛を使っていると言われて、にわかに信じることはできませんが、性善説に則れば、そう書くしかないのです。

僕はあくまで自分の目と舌で感じたことだけを綴ります。それが〈食語り〉の要諦だと思っています。

食は野に咲く花のごとく語るべし

食を語る、或いは綴るなら、野に咲く花を思い浮かべるのが一番いいと思います。

どんな場所で、どんな風情で咲いているのか。香りはどうなのか。大きさは、色合いは。どこに惹《ひ》かれたのか。花は何も情報を伝えてくれませんから、見たまま、感じたままを書くしかないのです。

それを食にも当てはめてみましょう。あまり知識を詰め込まずにいたほうが素直な文章になります。

秋も深まったころ、京都の割烹で食事をすれば、恐らくは焼き物として若狭グジが出て来るでしょう。夏から秋にかけてが漁期となり、普通にはアカアマダイという名で通っています。つまりは甘鯛なのですが、若狭グジというブランドが付けば高級品になります。料理人としては、ついつい素材自慢がしたくなります。ウロコにも独特の調理技術を施すので、それも語りたくなるのが料理人さんの心情です。それは当然といえば当然のことです。

が、それをそのまま鵜呑みにして書いてしまうと、料理の説明文になって、つまらないだけです。植物園で人工的に育てられた植物ならそれでもいいかもしれません。でも、野の花を書き綴るなら、もう少し突っ込みたいですね。

なぜ甘鯛をグジと呼ぶのか。そんな質問をぶつけてみましょう。

——グジは昔、屈する頭の魚と書いてクツナと呼んだんやそうです。それを略して、クツとかグツと呼んでた漁師言葉が訛《なま》ってグジになったと聞いてます——

そう答えてくれたら百点満点の料理人さんですね。

――身が柔らこうて、グジュグジュしてるさかいにグジと言うんと違いますか――

これも悪くない答えです。

理系より、文系の料理人のほうが旨い料理を作る。過去の経験則に基づく、僕の見分け方です。料理の産地や、細かな料理法ばかりを力説する料理人より、うんちくやエピソードを語る料理人のほうが、話を聞いていても愉しいのです。特に、自慢話ではなく、失敗談を明るく語ってくれるような料理人さんの話だと聞き飽きません。

さてその若狭グジ。昆布で〆《しめ》たり、椀種にしたり、棒寿司に設《しつら》えたり、と様々な調理法で愉しめるのですが、最も一般的なのは塩焼きでしょう。

グジがほかの魚と違うのはウロコごと焼くことです。そしてそのウロコが立っていて、パリパリと香ばしく食べられれば、その料理には合格点が付けられます。ウロコを立てなかったとしても、ウロコまで味わい深く食べることができれば、極上の料理といえるでしょう。

そして何より、身がパサつかず、しっとり、ほくほくに焼き上げてあれば、熟練の腕前と判断できます。

料理人からの一方通行ではなく、双方向のやり取りがあって、はじめて食を語り、綴ることができるのです。それにはしかし、客の側もある程度の知識が必要となります。事前の予習を怠らないことが〈食語り〉を愉しくする最大の勘所であり、受け売りばかりを連ねずに済む対処法になります。食を語ったり、書いたりする上で気をつけたいことがいくつかあります。

自分の言葉に酔わない

野に咲く花のごとく書く。そう言いましたが、ともすれば過ぎてしまうのも文章の厄介なところです。最近よく見かけるのは、自分の文章に酔っている人たちです。特にプロの方に目立ちます。

――どうだ。私ほど食をうまく書けるものはいないだろう――

そんな匂いがぷんぷん漂ってきます。〈甘い口づけのような〉だとか、〈美女の柔肌に似た〉や、〈唇に吸い付く〉といった、官能的な表現を使うのも、自らの文章に酔っている人たちの特徴です。やたら〈命〉という言葉を乱発するのも最近の傾向ですね。擬人法の多用というパターンです。

正直に言いますと、かつては僕もそういう表現を得意としていました。今や京都で予約の取りづらい店の筆頭に挙げられる、とある料理店のことを雑誌に連載していたころの話です。

恥ずかしながら、当時はこの店の料理を食べれば人生観が変わるとまで思い込んでいました。それまで僕が食べてきた料理とは何もかもが違っていましたから。

人生の深遠な淵を覗《のぞ》いたような気がしてしまったのです。料理とはかくも奥深いものなのか。そう思った僕は思いの丈を綴りました。言葉の限りを尽くして、その店の料理を讃え、料理人哲学ともいうべきあれこれを書きました。そのときは大まじめでしたから。

今読み返すと少なからず恥ずかしく思います。自分で自分の文章に酔っているのが明らかに分かりますから。どこか新興宗教のようです。教祖さまにひれ伏してしまっているのです。熱病みたいなものですね。そのころによく使った言葉が先に述べた〈命〉や〈慈《いつく》しむ〉などです。食材の持つ生命力を読者にどう伝えようか、と大まじめでした。

もちろん今でもその店の料理は輝きを失ってはいません。それが証拠に人気は衰えるどころか、連載当時を上回る勢いで、世界的にも有名な店となりました。日本料理の真髄をお皿に映し出す店として、京都を、いや、日本を代表する料理人さんには、いつまでも元気でがんばってほしいと思っています。

というわけで、店は変わっていません。変わったのは僕のほうなのです。熱病から覚めて、ふと思ったのです。料理とは何だろう。その素晴らしさを評価する基準とは何だろう。

その答えは意外と簡単に見つかりました。

人それぞれ違うのだと。

Aという人間にとっての人生最高の料理と、Bという人にとってのそれとは必ず異なるはずです。なぜなら、料理とは、ただその味だけでなく、それを食べたときの状況、誰と一緒に食べたか、誰が作ってくれた料理かによって、思いがまったく異なるからです。

どんなに優れた料理人が作った料理だとしても、愛情を込めて母親が作った料理には敵《かな》いません。素人料理の極みといってもいいような、おふくろの味。なぜプロの頂点に立つ人の料理がそれに敵わないのでしょうか。

答えは実にシンプルです。少しばかりベタな表現になりますが、愛の深さが違うからです。母親の料理というのは無償の愛に満ちています。不特定多数の客を相手にして、利益を求める料理と、家族のためだけに作る、無償の愛を根底に持つ料理は違って当たり前なのです。メディアを通じて、しばしば料理人さんが使う言葉に、〈採算度外視〉があります。或いは〈赤字覚悟〉もよく使われますが、そんなわけがありません。営利を求めなければ店はすぐにつぶれます。子どもでも分かる理屈なのに、食のリポーターさんたちが、

――こんなにいい素材を使っていたら儲からないでしょう――

と言って煽《あお》ると、店のご主人は否定することなく、ニヤニヤ笑っています。

利益を上げるための料理と、愛情表現のひとつである料理。比べることが、そもそも間違っていますね。

かの美食家、北大路魯山人の言葉に、書家の書を否定するものがあります。それに倣《なら》うなら料理人の料理も同じです。

書家はえてして巧《うま》く書こうとします。そして書を評価してもらうことに気が行きすぎてし

まい、結果、味わいに乏しい書になる。魯山人はそう説きます。

料理に当てはめるとよく分かります。料理人さんも料理評論家さんも、いかにして自分の仕事をほめてもらうか、に気持ちが向きすぎているように思えてなりません。

繰り返し書いていますが、これはSNSやブログ、食の口コミサイトなどの存在が大きな影響を与えていると思います。

そんなものがない時代には、プロの料理人さんは、目の前で食べているお客さんにだけ、料理のあれこれを伝えればよかったのです。今はそうはいきません。ひとりのお客さんがSNSやブログで発信した料理の情報は、またたく間に日本中、いや世界中を駆けめぐります。それを見た人が食べてもいないのに、さまざまな推測を付け足して論評を加えます。

となれば当然のことながら、料理人さんたちは、目の前のお客さんのバックにいる、目に見えない多くの人の目も意識して料理を作らねばならないのです。流行《はや》り言葉で言えば〈インスタ映え〉も考慮して調理せねばならないのです。

料理人さんだけではありません。料理評論家の人々も、素人のブロガーに負けるわけにはいかないのです。ただ美味しいだの まずいだのと書いているだけでは注目されません。ありとあらゆる美辞麗句を駆使し、食の表現とは思えないほどに言葉を深めていかないと、誰もほめてくれません。ときには〈エロい〉という言葉も使い、食と性を結び付け、文筆家らしい一面も見せなければなりません。でも、〈エロい〉という言葉を使った瞬間から、その料理の官能的な部分は色あせてしまうのです。〈エロい〉という直截《ちょくせつ》的な言葉を使わずに、その料理に秘められたエロティシズムを表現することこそが、文筆家としての仕事なのですが。

本当に大変ですね。如何にして食をブンガク的に書くか。その世界から早く卒業してよかったと、つくづく思う今日このごろです。

そう思っているのは僕だけかと思っていたら、同じ思いでいる人を見つけて嬉しくなりました。漫才コンビから始まって、今やお笑い界だけでなく、映画監督やアーティストとしても活躍し、世界にその名を轟《とどろ》かせている、あのタレントさんです。或るテレビ番組で面白いことを言っていました。

――最近は食いもののことを語りすぎじゃねぇか。おいらなんかは、ぐだぐだ語られると食欲がなくなっちゃうんだよ。たかがラーメン一杯にさ、麺がどうでスープがこうでとか、言

われる度にイヤになる。知識をひけらかしたいのも分かるけど、そこそこにして欲しいね
――

そのとおり。テレビを見ていて思わず膝を打ちました。

これも何度も書いていることですが、食を語ることは、ほかの分野に比べていくらか容易です。伝統芸能や芸術全般を語るにはそれ相応の知識や経験が必要ですが、一杯のラーメンやひと皿のカレーを語るには、さほどの知見はなくとも問題ないでしょう。

どんな料理を、どこの店で食べたか、それをどう表現するか。

みんな語りたいんですよね。

邪念が透けて見える

少し話はそれますが、モノマネでデビューし、のちにアーティストとしても活躍されるようになったタレントさんのことです。

このタレントさんの書画が一世を風靡《ふうび》したころのこと。

今はもう故人になられた書画の大家であるS氏に、このタレントさんが面談を申し出られ

たそうです。そのときS氏が即座に断ったのはよく知られた話です。

――あんたの書も絵も邪念がある。どや。俺の絵はすごいやろ。そういう気持ちが透けて見えるんや――

その理由を、S氏はそう述べられたそうです。なかなか奥深い言葉ですね。

それに倣《なら》うなら、今の料理人の方がお作りになる料理にも、そういう匂いを感じてしまいます。

書家の書。料理人の料理。魯山人は同列に並べて批判しています。

――どうだ。俺の料理はすごいだろう――

そんな邪念が透けて見えます。

西洋のシェフのことはよく分かりませんが、日本の料理人がこんなに威張るようになったのは、そう古いことではないでしょう。時代小説なんかを読んでも、総じて料理人たちは謙虚そのものです。日本料理の板前さんが腕組みをして、カメラをにらみつけるような写真は滅多《めった》に見ることがなかったのですが、今はほとんどがそんなポーズを取られますね。

——俺の料理を食わせてやる——

言葉にこそ出さないものの、そういう気持ちが垣間見える料理人の作った料理は、先のタレントさんと同じく、何かしらの邪念があるように見受けます。たとえ無愛想に見えても、街の食堂で料理を作っているオヤジさんには、この手の邪念はかけらも見当たりません。言葉や態度は荒っぽく見えて、しかし気持ちは実にピュアなのです。

今も人気なのかどうかは分かりませんが、〈俺の〉という二文字を屋号に付けた店が話題になりました。なんでも立ち食い形式にすることで価格破壊し、安価な料理で人気を集めたそうです。

フレンチだって安けりゃ立って食べてもいい。そう思う方がたくさんおられるのでしょう。フォアグラの立ち食い。僕には理解できません。

どんな内容であれ、屋号に〈俺の〉と付いた時点で、僕はそんな店に行こうとは思いません。いくら美味しくて安かったとしても、〈俺の〉店にはまったく食指が動きません。名は体を表す、と同じく、屋号は店の姿勢を表す。そう思っていますから。

予約の取れない店自慢

長く続くグルメブームは本来あるべき食の姿を大きく歪ませました。そのひとつに予約システムがあります。

東京では以前からあったようですが、京都でかなり先までの予約が入っていて、何か月以上も待たないと入れないような店ができたのは、そう古いことではありません。十年ほど前には考えられなかった現象です。

どれほどの人気店であっても、予約困難などあり得ませんでした。

——明後日の夜にふたりで食事をしたいのですが——

なじみの割烹に電話を入れます。

――あいにく席が埋まっておりまして、遅がけの時間か、次の日ではいけませんか――

ご主人が恐縮しているのが、手に取るように分かります。

予約が取れない、といってもたいていはこんな感じでした。二か月も三か月も先まで予約で埋まっている店？　そんなアホな。というのが普通の京都人の感覚だったのです。

それが今はどうでしょう。ちょっと名の知れた割烹料理店はたいてい予約困難です。今日明日に行きたいと思っても、叶うはずがありません。

明日の予約？　無理に決まっているでしょう。となるのが昨今の京都の和食店事情なのです。京都のお店で予約困難な店は山ほどあります。

なぜそんなことになったのか。僕なりに検証してみました。

ひとつにはグルメブームですね。

冒頭に書いたように、一億総グルメといった流れは年々勢いを増しているようです。美味しいものを食べたい、というよりは美味しい店に行きたい。そんなグルメだらけの世の中です。

そういうグルメの人たちが家庭でも美味しいものを食べているかといえば、どうやらそうではなさそうです。

つまりは、食より店、というのが近年のグルメと呼ばれる人たちの傾向なのです。

それが最もよく分かるのがＳＮＳです。

インスタグラム、フェイスブックなどにあふれる料理写真。そのほとんどがお店で食べているシーンです。当然のことながら、どこのどんな店かも分かる仕組みになっています。となれば、できるだけ人がうらやむ店に行って、その写真を投稿したくなるのが人情というものです。

そこで登場するのが人気店です。〈今話題の〉や〈今人気の〉といった形容詞と並んで〈予約の取れない〉店が、ＳＮＳで自慢できる三大条件です。

よほどのマニアでもない限り、駅の立ち食い蕎麦やファミレスの料理を投稿しても、うらやましがってもらえません。半年先まで予約で埋まっている店なら、大いに自慢できます。料理評論家や著名なグルメブロガーが絶賛する店もしかりです。あまたの困難を乗り越えてでも、この三大条件に当てはまる店を目指す人たちが山ほどいるのは、そういうわけです。

もしもＳＮＳというものがなければ、きっと予約困難な店などわずかな数だったでしょう。

言い換えれば、ＳＮＳで自慢したいがために、何か月先までの予約をして、辛抱強く待つのだと思います。そう言うときっと多くのグルメの方からお叱りを受けるでしょうが。

飲食店に限らず、世の中はすべて需要と供給のバランスで成り立っています。供給を上回る需要があれば人気を呼んで栄えます。逆に供給に見合う需要がなければ人気を失い、廃《すた》れていきます。

何か月も先まで予約でいっぱいの店というのは、人気店だという証左でありますから、当然店は栄えますし、料理人は鼻が高くなります。

テレビに出ているタレントさんたちも同じですね。視聴率が取れる人気タレントはギャラも高くなり、人気者として持て囃《はや》されます。つい最近までは見向きもされなかった人が、チヤホヤされだすとどうなるでしょう。

似たような結果を生んでしまうのは、人間の性《さが》なのかもしれません。

突然自分が偉くなったような勘違いをしてしまうのですね。こわいことです。腕に自信を持つことは決して悪いことではありませんが、それによってお店が様変わりしてしまったのでは、何をかいわんやです。

塩信仰

いつのころからでしょうね。塩がとっても偉くなったのは。

蕎麦が最初だったでしょうか。

せいろ蕎麦に塩を振りかけて食べる。

そうすると蕎麦の風味が際立って、本当の味が分かる、のだそうです。

きっと大昔はなんでも塩だけで味付けをして食べていたのでしょうね。醤油や出汁《だし》なんてものはなかったのですから。その時代に戻りたいというのでしょうか。

塩で食べれば、素材の持ち味がよく分かる。それは確かなことだろうと思います。しかし、だからといって無理に分かろうとしなくてもいいと、僕は思うのです。

原始時代には塩だけしかなかったから、仕方なくそうして食べていたのが、そののち、人間があらゆる叡智《えいち》を駆使し、試行錯誤して今の調味料ができたわけですから、それを否定する必要はないでしょう。

蕎麦つゆにつけて食べたほうが、よりいっそう美味しくなると思うのですが、こだわりの蕎麦屋さんはそれを許してくれません。

蕎麦のつゆは地域によって味が異なるのですから、つゆにつけて蕎麦を食べるのも愉しみのひとつなのではないでしょうか。

江戸の落語に蕎麦の話がありますね。蕎麦つゆに少しだけつけて、一気にすすり込むのが粋とされていて、無理にそうして食べてきた。一度はどっぷりとつゆにつけて食べたいという笑い話。

これは江戸だから分かる話で、関西人にはピンときません。

蕎麦つゆの味がまったく異なるからで、今の東京もそうですが、醤油の味が強い、鹹《から》いつゆが江戸の特徴です。こんなつゆにどっぷり蕎麦を浸したら、鹹くて食べられたものではありません。

出汁のきいた甘みのある関西風の蕎麦つゆなら、江戸風ほど鹹くないのでたっぷりつゆをつけても美味しく食べられます。

東西の違いだけではありません。日本各地で食べられている蕎麦は、そのつゆにも地方独自の違いがあるから愉しいのです。辛味大根のおろしたものをたっぷり載せて食べる蕎麦などは、その典型ですね。それをもって食文化と呼びます。これを塩だけで食べてしまえば、日本全国どこでも同じになってしまいます。

もうお分かりいただけたでしょう。日本の食文化というものは、地方によって大きな違いがあり、だからこそ豊かに育ってきたのです。その地の産物、風土、嗜好などが絡み合うことによって、独自の食文化が育ち、それが重なり合うことで、世界に誇る〈和食〉が形成されてきたのです。

蕎麦は土地を選びます。温暖な地域では美味しい蕎麦は育ちにくいのですから、たとえ店が西日本にあっても、北海道や東北の蕎麦粉を使って蕎麦を打つことは当然のことでしょう。土地がやせているほうが蕎麦の生育には適しているのだそうです。

しかし蕎麦つゆは地元の風土から生まれた出汁や調味料を使ってこそ、その地ならではの味わいになるはずです。

どんなに美味しくても、モンゴルの岩塩だとか、何万年も前の塩だとかを蕎麦につけても、地方の食文化は微塵《みじん》も感じられません。

行き過ぎた塩信仰は、そういう危うさをはらんでいるのです。

食材だけは地産地消を謳《うた》っているけれど、肝心の味をつける調味料が縁もゆかりもない外国産だったとしたら、それは〈その地ならでは〉の料理にならないと思うのです。

誤解を恐れずに言えば、本来の味に重きを置くあまり、美味しく食べる、愉しく食べることを二の次にしてしまっては、食文化からは遠くなるいっぽうです。本末転倒だと思っています。

とある京都の高額蕎麦屋さんで、蕎麦に塩を振りかけ、難しい顔で数本食べたあと、腕組みをして瞑想に耽《ふけ》るお客さんを見て、思わず吹き出しそうになってしまいました。グルメごっこは、そろそろ卒業したほうがいいのではないでしょうか。

第2章　モンスター化するシェフ

店主の口上から始まる料理劇場

最近の割烹店では、必ずといっていいほど、店の主人が料理の説明をします。

一斉スタートのお店などはその典型ですね。

指定された時間に店を訪れた客たちは、行儀よくカウンター席に並び、少しばかり緊張した面持ちで飲み物を注文し、その時を待ちます。

すき間なく客席が埋まったところで、おもむろに主人が包丁を置きます。

――えー、本日はようこそお越しいただきました――

あいさつというのか口上が始まりました。

私語は厳禁です。まるで結婚式の来賓《らいひん》あいさつであるかのように、みんな神妙な面持ちで聞き入っています。ときにジョークを交えて笑いを取りながらも、しっかり自己アピールすることも忘れません。

今どきの割烹屋さんは、しゃべり上手でないと務まらないのです。

こうして一斉提供料理が始まります。

そしてひと品ずつ料理を出す度に、それがどういう料理であるかについて主人が解説を加えます。どこそこ産の食材を、こんなふうにして、あんなふうにして作った料理であると。

その度に客側は感心しなければいけません。ただうなずくだけでなく、ほー、とか、へー、とか、おー、とかの感嘆詞は最低限のマナーです。ときどき、さすが！　や、すごい！　を加えると、主人の笑顔が増え、鼻が高くなるので効果的なようです。

あえて撮影禁止にして、よりいっそう付加価値を高める店もあるようですが、おおむね今の割烹屋さんは撮影歓迎です。カメラを向けると決めポーズをしてくれる、サービス精神旺盛な料理人さんも、最近では珍しくなくなりました。

割烹料理店は、鮨屋と同じく客の目の前で料理を作り上げるのですから、無口で無愛想な主人というのも居心地が悪いものです。

鮨屋はこわい。長くそう言われた時代が続きましたが、それは一にも二にも、熟達の鮨職人さんたちが、みんな無口で無愛想だったからです。もちろん、値段もこわかったせいでもあるのですが。

本来、お客さんとのやり取りは、それぞれの客と個別に行うものですが、まぁ、しかしこれも時代の流れなのでしょう。劇場型割烹がウケるには、それなりの事情があるのだとも思います。

ひと幕の芝居を見せるようなものですから、客を退屈させないように料理人さんたちはあれこれと工夫します。

最も効果的なのは客を驚かせることです。そしてその手段に使われるのが数字です。

よく聞くのが魚の重さですね。


——今日のマグロは大間の百三十キロです。お造りには一番ええ大きさです——


お造りを引きながら、店の主人がそう言うと、たいてい客のあいだから、ほう、という感嘆の言葉が出てきます。だからどうした、なんて決して言ってはいけません。二百キロでもなく、百キロでもなく、百三十キロという数字に意味があるのです。

人間の気持ちというのは不思議なもので、そう言われると美味しく感じるのですね。マグロの魚体など間近で見たことのある人は少ないはずなのに、重さを聞いて大きさを想像してしまいます。頭の中でお相撲さんと比べる人もいるかもしれません。

こうして想像力をかき立てることも、食事をする愉しさのひとつであることは間違いありません。

では、こんな数字はどうでしょう。

海外にまでその名が知れ渡っているほど有名なシェフが、とあるテレビ番組で料理の話をしていました。

テーマは野菜でした。どうすれば野菜を美味しく食べられるか、についてです。そのシェフはニンジンを切りながら、こう言いました。

――ニンジンを美味しく食べるには厚さ四ミリがいいんです。五ミリだとダメ。三ミリでもダメ――

そう言いながらスライスしたニンジンを男性キャスターに試食させます。

――本当だ。全然違う――

ニンジンをかじりながら、驚いた顔を隣の女性ゲストに向けます。

——ウソでしょ。何これ。違うニンジンみたい——

してやったりとばかり、ニヤつくシェフの鼻が高くなります。

はたしてそんなことが本当にあるのでしょうか。疑り深い僕は何人かの料理人さんに訊いてみました。その中でとても面白かったお話をしましょう。

洋食屋さんのベテランシェフが、一本のニンジンを縦にスパッと切って、それぞれを両手に持ちました。そしてこう言ったのです。

——右と左と食べ比べてください。絶対右のほうが美味しいはずです——

言われたとおりに生のままかじって食べ比べると、たしかに右のほうが美味しい。不思議に思っていると、シェフが言いました。

――最近の料理人はマジックも勉強せんとあかんみたいですわ――

なるほどそういうことかと妙に納得しました。マジックと同様、暗示をかけ、錯覚を利用して人を驚かせるのですね。

たしかに牛肉なんかは厚さによって味わいが変わりますね。焼肉屋さんでも薄切りの牛タンと、包丁目が入った厚切りのタンとでは、風味が異なります。それはきっと噛んだときにあふれ出てくる肉汁の量にもよるのでしょう。それでもミリ単位の差ではありません。一ミリほどの薄い肉と、一センチ以上の厚みの肉とを食べ比べてはじめてその違いが分かるのです。ニンジンの一ミリの差を生で味わい分けるのは、そうとう敏感な味覚の持ち主でも難しいのではないでしょうか。

一分二十秒の燻製鯖

数字のマジックは温度や時間でも多用されます。

とある星付き料理店では、一分二十秒のあいだ燻製にした鯖《さば》が出されるそうです。このことはあとで詳しくお話しします。或いは名店と呼ばれるフレンチのお店では、五十八・五度で二時間十六分低温加熱したお肉が名物なのだそうです。それぞれその時間、温度がベストだと料理人は主張しているようです。

訊《たず》ねられてもいないのに、料理を出すときにこういう類のことを客に伝える店が増えてきました。そしてそれを聞いた客は必ず感心することになっています。

これも最近の店の特徴でしょうね。先のシェフの言葉どおり、マジックと同じくらいに話術の勉強もしないと料理人としての務めが果たせないのでしょう。

昔は寡黙な料理人さんが多かったと記憶しています。手は動かすが口は動かさない。黙々と料理を作り、訊かれたことだけに答える。ちょっとこわいくらいの人が作った料理のほうが美味しいように感じたものです。

今の時代は、料理の合間にオヤジギャグのひとつもはさまないと人気店にならないのですから、料理人さんも大変ですね。

カウンターをはさんで、料理人と客が向かい合う割烹料理店では、対話の時間がとてもたいせつなのは間違いありません。客の緊張感をやわらげ、心地よく食事をしてもらうために、料理人さんはただ料理を作るだけでなく、会話力も磨かねばならないのです。

少しばかり昔のことです。

とある地方都市の名店で食事をすることになりました。友人たちとカウンター席に腰かけて、小一時間のランチタイムを過ごしたのですが、その間ずっと料理人は無言を貫きました。最初から最後までです。

友人たちははじめてでしたが、僕は何度か行ったこともありますし、その料理人のこともよく知っています。

今も語り草なのですが、いったいなぜあの日、あの料理人さんはひと言も話さなかったのでしょうか。いくらかシャイな性格であったからか、はたまた人見知りするせいか、機嫌が悪かったのかは分かりませんが、いつもに比べて数段その味わいが落ちたことだけは間違いありません。

余計なことをペラペラしゃべられるのも困りますが、まるで愛想がないのも困りものです。割烹料理店の料理人に求められるのは、程のよい会話術だと思います。

『浜作』のこと

割烹料理店での、主人と客の正しいやり取りをつぶさに見せてくれるのが、割烹の嚆矢《こうし》『浜作』です。

祇園富永町から祇園下河原へ、そしてまた新たな地へと、店の在り処《か》は変化しても、もてなしの姿勢は、昭和初期の創業時から変わることがありません。

近年の新進割烹料理店の最大の特徴は、パフォーマンスにあります。カウンターを舞台に見立てて、料理人はまず食材を披露し、調理のプロセスを見せ、その都度、客席からは感嘆の声が上がります。それはまるで料理劇場のようです。

もちろんこれは決して悪いことではありません。そもそも割烹という店の形態は、料理する様を客の目の前で行うことを目的として生み出されたものですから。

日本料理の歴史の中で、割烹店はさほど長い歴史を持つものではありません。昭和になってから生まれたものです。

祇園下河原。八坂神社の南鳥居から少し下がったところに『浜作』という店がありました。と過去形で書いたのは、本書が出版されるころには、いったんお店を閉められているはずだからです。

そしてこの『浜作』の先々代主人、森川栄氏こそが、今の割烹スタイルを生み出した先駆者なのです。その心は、客と主人のやり取りから生まれる即興料理。

この店が生まれるまでは、料亭をはじめとして、日本料理を出す店はほぼすべて、舞台裏ともいえる厨房で料理が作られ、客の目の前に出てくるときは、完成された形になっていました。

それまでの料理屋さんでは見ることのできなかった調理風景に、お客さんは大いに感動したと伝わっています。

以来八十年近くにわたって、お客さんと料理人の丁々発止が続いてきたわけです。

たとえば目の下一尺ほどもあろうかという立派な明石鯛があったとしましょう。俎《まないた》に載せられたこれを見たお客さんは、何をおいてもまずは造りに、と所望します。と、料理人が応えて曰く、平造りか、それとも薄造りにするか、山葵《わさび》醤油か、ポン酢か。お客さんは自分の好みを伝え、料理人は鯛をさばき始めます。

こうして、客の嗜好に合わせて当意即妙に調理するのが割烹店の醍醐味《だいごみ》です。

刺身の後のアラ身はどうするか、と料理人が問いかけます。じっくりとアラ煮にして、濃密な味わいを愉しむのもいいが、あっさりと塩焼きにして、淡白な旨みを堪能するのも捨てがたい。そんなアドバイスを加えるのも料理人の大事な仕事です。それでもまだ迷っているお客さんには、ならば半々にしましょうかと提案します。願ってもないことだとお客は喜び、燗酒を追加して相好《そうごう》を崩すことになります。

つまりはカウンター板一枚をはさんで、お客さんと料理人が一体になって料理を進めていくために、食材を見せたりするのであって、お客さんに見せつけるためのものではないのです。双方向のやり取りがあってはじめて、板前割烹というスタイルは成り立っているのです。

変質した京都割烹

それに比べて、今の板前割烹はどうでしょう。料理人からの一方通行になってしまっていることにお気付きでしょうか。カウンターの中からはいろんなものが出されますが、お客さんの側からは何も返すことはできません。料理人のジョークに相槌を打ったり、出てきた料理に賛辞を送ったりするのが関の山ですね。

近年になってオープンした割烹料理店の大きな特徴は、ほとんどがおまかせ料理一本槍になっていることです。

料理人側がお客さんの好みに合わせるのではなく、お客さんのほうが、料理人側に合わせる。これが最近流行の京都割烹店スタイルです。

特にアレルギーでもない限り、居並ぶ客全員に同じ料理を出すのですから、注文の言葉を交わす必要もありません。しかしながら、それではあまりに味気ないので、パフォーマンスを見せて、間を持たせるようになったようです。

つまり今の割烹におけるカウンターはステージの役割を果たしているのです。一幕の演劇だと考えれば分かりやすいかと思います。

先に書いたように、店によっては食事を始める時間まで決められます。

居並ぶお客さんを前にして、まずは主人の口上からスタートすることも先に書きましたね。

先付、八寸と続き、最後のデザートに至るまで、客たちは一斉に食べ進めます。この間、お客さんと主人の間のやり取りは会話のみです。主人のダジャレが飛べば、客は一斉に笑いを返します。これもパフォーマンスの一環なので、主人はダジャレにも磨きをかけねばなりません。料理はワンパターンなので、ジョークに変化を付けてお客さんを愉しませなければなりません。

料理の説明しかりです。どんな素晴らしい食材を使って、どれほど手の込んだ調理をしてできた料理かを、お客さんに分かってもらわねばなりません。毎日同じ話をしていても、飽き飽きしたような顔は禁物です。

料理が終盤に差し掛かり、いよいよ一番の見せ場となる釜炊きご飯のスタートです。土鍋を掲げて、炊く前の状態をお客さんに披露します。

ここを逃してなるまじと、お客さんは一斉にカメラを向けます。店の主人は満面の笑みを浮かべてあちこちに土鍋を向けてポーズを取ります。まるでウェディングパーティーのケーキカットですね。

しかしながら、これはまだ序曲に過ぎません。最も盛り上がるのは、炊き上がったばかりの土鍋を見せるシーンです。まずは拍手が起こり、そののちお客さんは立ち上がって写真を撮ります。主人は——どーだ！——と言わんばかりに胸を張って撮影に応じます。


余談になりますが、今では当たり前のようにして繰り広げられている、割烹屋さんでの、土鍋ご飯のプレゼンが始まったのは、先に書いたお店について連載していたときのことです。銀閣寺の参道で暖簾を上げたお店の一番の売り物が、土鍋で炊いたご飯とメザシだと聞いて、誰もが驚いた時代のことです。

編集者さんとカメラマンさんと話していて、それなら土鍋で炊く前と、炊き上がったあと、両方の写真を見せたらどうだろうとなりました。

かくしてお店のご主人が土鍋を両手で持って、カメラに向かってポーズを取るという写真が誌面を飾ることになったのです。

そもそも土鍋を使ってご飯を炊き、それをクライマックスのシーンに持ってくるというのは、そのお店以前にはほとんどなかったことなのです。

今ではほとんどの割烹屋さんが、土鍋を使って〆のご飯を炊きます。そして、必ずといっていいほど、それをプレゼンするポーズを写真に撮らせます。

それを始めたのは、僕たちの取材チームだった。ちょっとだけ自慢させてください。

それは横に置くとして。これでようやくひと幕の演劇は終演を迎えます。

おおむね、最近の京都割烹の人気店では、夜な夜なこんな演劇が繰り広げられます。

厳しい言い方をすれば、おまかせと言うより、お仕着せに近い料理だと思うのですが、それを喜ばれるお客さんがたくさんおられるのですから、周りがとやかく言うことではないのでしょう。

外食の形態が変わってきたのは間違いないようです。

では、割烹の元祖として知られる『浜作』はどうでしょうか。

この店でもカウンターは舞台です。当代主人はパフォーマーであり、語り部でもあります。話術も巧みで、お客さんを愉しませるという意味では、最近の新進割烹と同じです。しかし両者には大きな違いがあります。それはお客さんの習熟度です。

もう一度今ふうの割烹店に話を戻します。

指定された時間に席に着き、あとはベルトコンベヤーよろしく、出てきた料理を順番に食べていけばいいのです。感想を求められても、美味しい！　とさえ言っておけば間違いはありません。極論すれば子どもでも充分対応できます。西洋料理のようにどのカトラリーを使うか迷うこともありません。多少箸遣いがあやしくても問題ありません。

しかし『浜作』ではそうはいきません。この店でも基本はおまかせ料理ですが、決してお仕着せではありません。主人はお客さんの反応を見ながら料理を進めていきますから、途中で変更されることも少なくありません。そんなときに主人から好みを訊ねられるのもよくあることです。それに答えるためにはある程度の知識が必要です。

食材のこと、調理法のことなど知識がないと答えられない場面がないとは言えません。そこはもちろんプロですから、お客さんに恥をかかせないように配慮しますので、畏《おそ》れることはないのですが、意思疎通がスムーズにいかないと、心底料理を愉しめないでしょう。

しかしながら、今ふうのおまかせ一本槍の割烹なら何も考えることはありません。場慣れしていない遠来の客でも、安心して食べることができます。それどころか、一気に食通気分にもなれるのです。

何しろ予約困難な店のカウンター席で、主人と会話を交わすことができたのですから。味にうるさく、料理に一家言持つ面倒な客を相手にするより、何を食べても絶賛し、デジカメに収めて広報役まで務めてくれる客のほうが、店側もうんと楽なのです。加えて余分な食材を仕入れる必要もなく、最低限のロスで済みます。

客も店も双方ともに万々歳となり、おまかせ料理一本鎗の割烹スタイルはますます隆盛を極めることになるでしょう。

一旦、人気店のレッテルが貼られれば、放っておいても予約で席は埋まります。メディアも進んで紹介してくれますから、予約はどんどん先まで埋まり、三か月先、半年先、一年先、とますます長くなります。

その繁盛ぶりを間近で見ていた修業中の料理人たちも、これなら自分にでもできると、すぐに独立するようになります。

まだ二十代から三十代前半といえば、昔は、というより、ついこのあいだまでなら、まだまだ修業半ばの年齢です。十年や二十年は修業のうちに入らない。三十年ほど務めて、ようやく一人前の料理人として認められる。料亭の主人たちがそう口を揃えていたのは、ごく最近のことだったような気がします。

若手の料理人さんたちが、短い修業で自前の店を持ちます。新店情報に飢えているメディアやブロガーさんが、競ってこれを宣伝し、結果、開店早々から予約困難な店と化します。

これが今の京都の割烹料理店スパイラルなのです。

店も街も賑わうに越したことはありませんが、このままでは真っ当な食べ手がいなくなるのではないかと思ってしまいます。そして予定調和でしか、料理を作れない料理人ばかりになってしまうのではないかとも危惧するのです。

割烹の〈割〉は切ること。〈烹〉は煮炊きすること。割烹屋さんには、即興料理だからこその楽しみがありました。

料理人さんには、客の好み、その場の空気、その日の食材の状態に応じて、臨機応変に調理する割烹の原点に戻って欲しいものだと、つくづく思います。

江戸前鮨崇拝主義

一番の好物は何ですかと訊かれると、三秒ほど迷ったフリをして「お鮨」と答えます。最初からお鮨と決めているので迷う必要はないのですが、いちおう迷ったことにしないと、訊ねたほうも甲斐がないでしょう。

子どものころから不動の一位です。思い描く鮨は年齢に応じて変化しますが、それでも鮨に変わりはありません。

ちなみにこの〈鮨〉という字も以前は〈寿司〉が使われていました。どんな寿司でも似合う字は〈寿司〉。江戸前の握りは〈鮨〉という字がよく似合うように思います。

三十代からは江戸前鮨が頭に浮かぶようになったのです。そのきっかけとなったのは神とも崇められる小野二郎さんの存在です。

今ほど神格化されていないときに、二郎さんのお鮨を何度も食べられたのは、本当にしあわせなことだったと思います。当時はまだミシュランガイドなんていうものは日本に上陸していませんでしたから、それほど臆《おく》することなく素直に二郎さんのお鮨を味わうことができました。

最初はデパートの中にある出店でした。呉服売場の片隅にさりげなく掛けられた暖簾をくぐり、カウンター席で食べたときの感動は今も忘れません。

『すきやばし次郎』という屋号だったので、きっと数寄屋橋に本店があるのだろうと思って、寡黙な板前さんに訊ねると予想どおりだと答えてくれました。デパートの出店でこれほど美味しいのだから、本店はさぞやと思い、数寄屋橋のお店の電話番号をお聞きして機をうかがいました。

今のようにパソコンやインターネットが普及していない時代でしたから、いろんな情報網を駆使し、探り当ててみると、どうやらその鮨屋は食通のあいだでは、つとに名高い店だったのです。

余計なことを聞かなければよかったと思っても、もう後の祭りです。予約の電話を入れるときから既に緊張の糸が張り始めました。

ただラッキーだったのは、京都の店を長く見てきたせいもあって、ビルの地下にある店にはまったく威圧感を覚えなかったことです。京都の老舗料亭のような仰々しい佇まいを想像

していたので、

――なんだ。たいしたことはないじゃないか――

そう思って暖簾をくぐったのでした。

予約の電話を入れたときに値段は聞いていましたから、店の佇まいと価格のギャップに戸惑ったのは事実です。日本橋にあるデパートの出店の価格があまりにリーズナブルだったこともあって、最初から身構えてしまいました。

カウンター席に座って「賀茂鶴」を頼み、姿勢を正して待っていると、職人さんが僕の前に立ちました。おまかせ握りを注文します。デパートの出店よりも更に無口な職人さんを、僕はてっきり二郎さんだと思い込んでいました。

鮨が出てくるスピードはデパートの出店の比ではありません。鮨を食べるや否や、というのが的確な表現でしょう。慌てて口に運びます。握られた鮨はすぐに食べなければいけない。口髭《ひげ》に蝶ネクタイがトレードマークのグルメ評論家さんの著書で、そう教えられていたからです。

たしかに飛びきり美味しい鮨でしたが、江戸前鮨の経験値が浅い僕には、哀しいかな愉しむ余裕がありませんでした。しかも、てっきりこの人が伝説の二郎さんだと思い込んでいたのですが、あとで聞くと別の職人さんだったのです。

料理というものは、屋号や名人の存在とは別ものだと思うようになったのは、このときの経験が元になっています。


ちょっとがっかりしたのです。電話で予約したときに、ご主人である小野二郎さんに握って欲しいと伝えたにもかかわらず、ご本人に握ってもらえなかった。それがどういう意味を持つのか分からないまま、三十分ほどで食べ終えた僕は入口でお勘定をしました。

店に入ったときに入口で海苔を焙《あぶ》っていたおじいさんに、つい愚痴ってしまったのです。小野二郎さんというご主人はお店に来られないのですか？ と。

「え？」

甲高い声で目を大きく見開いたおじいさんが僕の目を見ながら続けます。

「あなた、柏井さん？」

「はい」

「こんな若い人だったの？」

「三十二ですから、そんなに若くはないです」

「ごめんなさいね。電話で聞いてたのにね。次はちゃんと私が握りますから」

次がいつになるか分からないではないか。そう言いたいのをぐっと我慢したのは、まったく悪気もなく、自分に値打ちを付けようなどとはまるで思っていないだろう、あっけらかんとした二郎さんの表情が心に入り込んだからだと思います。

次に訪れたときは約束どおり握ってもらいました。のみならず、京都がお好きだという話を聞き、その年の京都の紅葉を見にこられたときは、お宿や食事の予約などをお手伝いさせていただき、とても喜んでもらいました。

わざわざお礼の電話をいただいたときに思ったのですが、声に張りがあるというか、とても艶《つや》っぽいお声で、なんとなくそれが鮨に反映されているような気がしました。

それから二十年以上も経ち、九十歳を超えた今も現役で活躍なさっていることは同慶の至りです。メディアにも再三登場され、相変わらず艶のある声で語っておられるのを聞くと嬉しくなります。

ただ多くのメディアやライターさんたちによって神格化されすぎてしまったことは、少し残念な気がします。ご本人はどう思っておられるのか分かりませんが、僕の印象としての、好々爺《こうこうや》然とした鮨屋のオヤジさんが遠くに追いやられたような、一抹の寂しさがあります。

もちろん二郎さんが称賛に値する名職人であることに、なんら異論はありませんが、鮨屋のオヤジさんというありのままの姿にとどめておいて欲しかったと思うのです。

少し埋もれていた感のある江戸前鮨は二郎さんの存在もあって、年々隆盛を極めてきました。東京はもちろん、金沢、博多といった地方都市でも本格的な江戸前鮨を売り物にする鮨屋さんが増えてきました。わが京都も同様です。

金沢や博多などは、江戸前鮨に地元ならではのアレンジを加えた鮨屋さんが目立ちますが、京都では直球の江戸前鮨で勝負する店が多いようです。きっと金沢や博多と違って、京都の街は海から遠いせいだろうと思います。加えて東京からの移転流入の店があるからでしょう。

先陣を切った、祇園花見小路に暖簾を上げる『鮨まつもと』はもう、すっかり京都に馴染んでいます。ブレることなく正統派の江戸前鮨を握り続けていて、京都に江戸前鮨を根付かせた先駆者といってもいいでしょう。

その成功に刺激されたからでしょうか。ぽつりぽつりと東京から京都に移転してくる店が出てきました。

会員制や、夜は二万円からのおまかせコースだけ、などハードルを上げた店はたいていてい祇園にあります。設えも値段も銀座の鮨屋をそのまま祇園に持って来た、といったところです。

驚いたのはその客層です。ほとんどが東京からのお客さんだというのです。

だったら東京で食べたほうがいいのでは、と思うのですが、京都で食べることに価値があるのだとおっしゃるのですから、どうにもよく分かりません。

どうやら江戸前鮨を、京都をはじめとした地方で食べることが、グルメのあいだでは流行っているようです。

東京からのお客さんは地方の食事情を大きく変えてしまう。その典型が江戸前鮨だといって間違いないでしょう。

都会からの遠征客が地方の食事情を変える

とある地方都市の天ぷら屋が話題になったのは、有名人のブログが最初だったように記憶しています。首都圏からもそう遠くない立地というのも大きなポイントだったのでしょう。

さほど日を置かず、料理評論家さんやグルメブロガーさんたちが追随し、あっという間にネット上に、この店の天ぷら写真があふれ出します。例によって、ＳＮＳでも急激にこの店が人気になっているのが分かります。

この店に行かずして、天ぷら屋を語るなかれ。誰言うともなく、そんな流れができてしまうと、あとは時間の問題です。プロの料理評論家さん、アマチュアのグルメブロガーさん、料理人さんたちまでがこぞってこの店に押し寄せる仕儀となります。これまで幾度となく繰り返されてきた流れです。

プロアマ問わず、みんなしゃかりきになって、この店を目指します。冷静になって考えれば異常な事態なのですが、渦に巻き込まれてしまったご当人たちには、当然のこととして映ります。

関西から、東京から新幹線に乗って、わざわざ天ぷらだけを食べに行く。それがまるで流行のようになってしまっています。

——○○にもう行った？　——と聞かれて、——当然！　——と答えたいのです。もう行った！　自慢をしたいのです。

当のお店のご主人が、異様な人気ぶりをどう思っておられるのかは分かりません。ですが、今やこの地方都市の天ぷら屋さんは神格化され、一年先まで予約が取れなくなっているそうです。

そして今の時代、インターネットを通じて、それがグルメの人たちに知れ渡るのはあっという間です。なんとかしてその店に行って食べて、写真を撮ってＳＮＳで自慢したい。そんな流れがすぐにできてしまいます。

ナントカの奇跡。カントカの神業。大げさなほめ言葉はいくらでも作れます。

身近にある天ぷら屋さんに行ったとしても、かけらも自慢はできませんから、きっとこの現象は当分続くことでしょう。

そう言えば、と思いだすことがあります。

今から十年以上も前のことです。

とあるお鮨屋さんの話を食通の方から聞きました。

鄙《ひな》びた場所にある店だが、とても熱心な鮨職人が居て、素晴らしいお鮨を出すので一度行ってみてください。そう言われたのです。信頼のおける人の話ですし、こういう話にはすぐ飛びつくのが当時の僕の習性だったので、すぐに予約をしました。今ならたぶんそんなことはしなかったと思います。少しは考える余裕を持って、事に当たるはずです。もう古希が近いのですから。

県庁所在地の新幹線駅から在来線に乗り換えて、ようやく辿《たど》り着いた駅から更に、タクシーに乗ること三十分。

団地のはずれに、ひっそりと暖簾を上げるお鮨屋さんがありました。聞きしにまさるロケーションです。

ちょうどお昼どき、お客さんはまばらでした。ほとんど貸切状態で食べたお鮨は、とんでもなく美味しいものでした。ただ美味しいだけではなくオリジナリティにもあふれていて、でも独創に過ぎることなく、きちんとした江戸前の技法に則りながら、個性的なお鮨を握る。それでいて、わざわざ交通費をかけて来ても無駄にはならない程度の良心的な価格。僕には理想と思えるようなお鮨屋さんとの出会いでした。

京都からわざわざ来て、その日は新幹線駅のホテルに泊まると言うと、昼の営業時間が終わってから、ご主人は車でわざわざホテルまで送ってくれました。

その小一時間ほどの車中で、お鮨に対する情熱を熱く語ったご主人の顔は今も忘れることはできません。


こういう話をひとり占めできないのが僕の欠点です。ついつい友だちにこの店のことを話してしまい、ついには雑誌で取材することにまでなってしまいました。

その後の経過はご想像のとおりです。じわりじわりと人気が出始め、同慶の至りと喜んだのも今は昔。今は週三日のみの営業だそうで、数か月先の予約でもなかなか取れないようです。営業日以外は出張や、貸切、イベントなどで大忙しだと聞きました。

それはそれでひとつの形だろうと思います。四六時中店にいて鮨を握り続けるから偉いというものでもありませんし、営業日数を少なくして集中して仕事をするという姿勢も店の在り方としては、ある種の見識だろうと思います。

ただ、古くからの一ファンとしては寂しいなと思うのです。このお鮨屋さんを目当てにして、その地方への旅を計画する。半月前ほどに予約をすれば食べられる。そうあって欲しいと願うのですが、今の時代にはきっとそぐわないのでしょうね。

コラボという幻想

最近のグルメブームで、しばしば目にするのがコラボという言葉です。

言うまでもなく、コラボレーションの略であるコラボという言葉ですが、グルメ業界との相性がよほどいいと見えて、何かと言えばコラボという言葉が使われます。

フレンチと日本酒のコラボ。和食とイタリアンのコラボ。寿司とカリフォルニアワインのコラボ。などなど、つまりは異なるジャンルの食や酒を組み合わせて愉しむ、ということなのでしょうが、少々無理を感じる取り合わせも少なくありません。

目新しさで客を呼ぼうとするのだと思いますが、これらコラボも食本来の姿とはかけ離れた存在で終わってしまうことが多いと言い切ってもいいでしょう。

だって、ほとんどは思い付きでしょ？　食のイベントを仕掛ける人たちの企画会議が目に浮かびます。

――なんか目新しいイベントありませんかね――

――もう、たいていのことはやっちゃったしな。グランプリ、マルシェ、バルフェスタ。手詰まりだね――

――コラボだと、まだやってないことあるんじゃないですか？――

――コラボかぁ。たとえば？――

――焼酎とエスニック、とかはどうっすかね――

――焼酎とエスニックって合うか？――

――やってみないと分かんないっすけど、客は呼べるんじゃないっすか――

――エスニックのシェフとかで出たがりのヤツ居る？　――

――いくらでも居ますよ。メディアが取り上げてくれるイベントだって言えば――

――じゃ、それいくか。焼酎のメーカーに協賛させてさ。あと自治体の後援を頼めばいけそうだね。この前やったあの寺を会場にするか――

――はい。それで決まりですね――

ということで、めでたく焼酎とエスニックのコラボイベント企画成立となった、かどうかは定かではありませんが。

料理人どうしのコラボ、というのもよく耳にするようになりましたね。これもやはり意外性がポイントになるようで、フレンチのシェフと日本料理の料理人が、ふたりでひとつのコースを作り上げる、というようなパターンが流行りのようです。

たいせつなのは、ふたりとも有名でなければいけないということです。無名の料理人どうしがコラボしたってお客さんは集まりません。

予約の取れない店の料理人がベストですね。半年先まで予約の取れないフレンチのシェフと、二年後まですべて予約で埋まっている割烹の料理人がコラボすれば最強のイベントになります。ホテルの大きな宴会場がすぐ満席になるくらいの人気を呼ぶことでしょう。ちょっと行ってみたい気もしますね。

実際にこういう料理人コラボのイベントはよく開かれていて、ときどき案内をいただきます。同封されたチラシを見ると、ふたりの料理人がそれぞれ腕組みをして、ドヤ顔を見せています。メディアでよく見かける顔です。既に大まかなメニューも決まっていて、そのあらましが書かれています。値段は、と見るとけっこうな金額です。そして申込先はたいていイベント会社になっています。

懐にも時間にも余裕がある富裕層のグルメの方は、すぐにでも申し込まれることでしょう。イベント会社はしてやったり、ですね。

しかしながら僕のような天邪鬼《あまのじゃく》はまず、或る疑問が頭に浮かぶのです。予約が取れないほどの人気店なら、店を留守にしてイベントをするより、一日でも多く店にいて、お客さんの料理を作るべきではないのだろうか、と。

とある星付き店のスターシェフがおられます。サインを求められることもしょっちゅうあるそうですから本物のスターですね。

彼の料理を目当てに客が押し寄せ、そこそこ広い店なのにいつも満席です。よほどの伝手《つて》がないと予約もできないそうですが、ようやく念願叶って店に行ったら、当のスターシェフはイベントに出ていて不在。二番手の料理人が代わりを務めたそうです。

がっかりした、とおっしゃっていました。そりゃそうでしょう。有名歌手のコンサートに行ったら、代理の歌手が出てきて歌ったようなものですから。

有名シェフのコラボイベントの告知を見る度に、僕はそんなことを思い浮かべます。店に食べに行った気の毒なお客さんの哀し気な顔を。

では、イベントのほうはどうでしょう。大枚をはたいて行った甲斐があったでしょうか。行ったことがないので何とも言えません。行こうとも思わないのです。

お遊びだと割り切ってしまえばいいのでしょうが、お遊びにしては金額も張りますし、何より満足できそうに思えないのです。

それは自分の仕事に置き換えれば明らかです。

たとえば僕は小説を書きますが、ほかの作家さんと一緒になってひとつの作品を書き上げるなんて、考えることもできません。それはきっと僕だけでなく、日本中、世界中の作家さんも同じだと思います。

皆さんもそうではありませんか。ずっとチームプレーを続けているのとはわけが違います。一日だけ、一瞬だけ誰かほかの人と組んでひとつの課題を仕上げる。想像もできないでしょう。

なんとなく耳当たりのいい、コラボという言葉がグルメ業界独特のおかしな習わしだとお気付きいただけただろうと思います。

数字のマジック〈六百と九百〉

たとえばカジュアルフレンチのディナーコースで、六千円と九千円のふたつのコースがあれば、どちらを選ぶかしばし悩むことになります。

内容をよく比較検討した上でコースを決めます。

よく考えて決めたはずなのに、食事を終えて後悔することもしばしばありますね。安いほうでよかったかも、とか、高いほうにすればよかった、とか。三千円の差は決して小さくないんです。

では、これが六百円と九百円だったらどうでしょう。それほど深く考えないのではないでしょうか。

何が言いたいかといえば、最近のラーメンの価格です。

僕の感覚で言えば、おおむねラーメンというものは六百円台で食べられるものと思っています。六百五十円とか六百八十円だと気楽に頼めます。

ところが最近のラーメン専門店は八百円台が当たり前になってきました。と思っていたら、いつの間にか九百円ラインを超えるラーメンも珍しくなくなってきたことを、食の雑誌のラーメン特集で知りました。

僕などは、とんでもなく高いと思うのですが、ラーメン通の方にとっては微塵も痛痒《つうよう》を感じられないようで、値段の高低を云々されることはまったくないようです。

自家製麺がどうとか、ダブルスープがこうとかは、口角泡を飛ばして語られるようですが、六百円が九百円だろうとも意に介せず、といったところです。たった三百円の差だ、と思っていらっしゃるのでしょう。

京都でも次々と新しいラーメン屋さんがオープンし、それぞれがちゃんと成り立っているのは、この差があるからだろうと思います。

今まで六千円だったコースがいきなり九千円になれば、その三千円の値上げ幅に、たいていの方が疑問を抱くはずです。

これは桁が上がるほど顕著になります。家賃六万円のアパートが九万円に値上げすれば大騒ぎしますよね。六十万円のボーナスが九十万円になれば大喜びします。六百万円の……。もういいですね。

桁は違っても、どれも率は同じなんです。そんなことは当たり前なのですが、桁によって受け取り方はずいぶん違いますね。

ある種の数字マジックですが、これがあるのでラーメン屋さんは儲かるのですね。六百円で食べられるラーメンを九百円で売れば、一杯あたりは三百円の差ですが、一日百杯売れば三万円の差になります。ひと月に換算すれば実に九十万円の差です。美味しい商売ですよね。

だからどうだ、とは言いません。好んで九百円のラーメンを並んでまで食べる人がおられたとしても、それは個人の自由ですから。僕がとやかく言うことではありませんが、なんだかおかしいなぁと、テレビのラーメン特集番組を見て思うのです。

「ドタキャン問題」の問題

言葉の遣い方を誤るのはメディアの常ですが、ドタキャンという言葉などがその典型です。

広辞苑を見てみましょう。

【どた・キャン】

（「どた」は土壇場、「キャン」はキャンセルの略）

直前になって約束を破棄する意の俗語。

そう書かれています。

ここで注目したいのは、〈約束を破棄する〉という文言です。それも〈直前になって〉と書かれていますね。

ところが最近のメディアは〈ドタキャン〉という言葉を、〈約束を放置する〉という意味合いで使っているようなのです。

たとえばこんなエピソードがテレビのワイドショーで流れていました。

忘年会シーズンの真っただ中のこと。とある居酒屋さんに三十人の団体予約が入ったそうです。飲み放題でいくら、という値段交渉もまとまり、あとは当日を待つばかりということで、席の確保はもちろん料理も準備万端整えてその当日。

約束の時間になっても誰ひとり客が来ない。少し遅れているのかなと思った店主は辛抱強く待ちます。ところが三十分経っても一時間経っても来ない。さすがにおかしいと思った店主が連絡してみると、電話も通じず、向こうからの連絡もない。

年末の稼ぎ時にほかのお客さんを断ってまで準備したのに、大損害を被ったとの店主の嘆きを映し出し、これを〈ドタキャン〉と称していました。

これは明らかに誤用ですね。〈ドタキャン〉は広辞苑にもあるように、直前ではあっても契約の破棄を通告することを言います。無論それもほめられたことではありませんし、場合によっては店側の損害を補償することだってあり得ます。しかしながら〈ドタキャン〉は客と店側が接触してはじめて使われる言葉のはずです。

メディアが報じた先の例は〈ドタキャン〉ではなく詐欺だと思います。商品で言えば〈買う〉と約束しておきながら〈買わなかった〉のですから。逆も同じでしょう。〈売る〉と約束しておきながら〈売らなかった〉となれば、それはどちらも虚偽申告ですよね。キャンセルの連絡もせず、店からの電話にも出ない。これはもう明らかに犯罪です。店側も泣き寝入りせず、徹底して被害を補償させる姿勢を見せなければ、今後も同様の事態は続くのではないかと危惧します。

ただ、一方でそれを悪用する店があるとの話を聞くに及んで、今の日本のすさんだ飲食店事情に哀しくなってしまいました。

先のケースによく似た話です。とあるレストランが二十人の予約を受けたが、予約の時間になっても客が来ない。連絡しても通じない。

違うのはここからです。

一計を案じた店主はＳＮＳを通じてＳＯＳを発信したのだそうです。二十人分の料理を用意したのが無駄になってしまう。近くの人が来てくれれば半額で提供する。そう発信したら、同情した人たちや、半額につられた人たちが次々とやってきて事なきを得た。

俗に言う、捨てる神あれば拾う神あり。まだまだ日本も捨てたもんじゃない。誰もがそう思ったのですが、実はこの話には後味の悪い後日談がありました。

なんとこれは作り話だったと、バイト学生くんがツイッターで暴露してしまったというのです。

店主も最初はジョークのつもりだったようですが、次第に引っ込みがつかなくなり、狂言芝居を演じてしまったのですね。

無断キャンセルで困った話を捏造《ねつぞう》したこの件は、誰もが被害者にならなかったのがせめてもの救いですが、後味の悪い話になってしまったことは否めません。

本当に被害に遭《あ》った店は気の毒のひと言に尽きますが、それに便乗して商売するのはいかがなものかと思います。


ほかにもこんな例もありますが、皆さんはどう思われるでしょうか。

世に言う〈ドタキャン〉被害を防ぐために、とある店の主人が前売りという手段を講じて成功しているというニュースが流れました。

ネットやコンビニなどを通じて、前売りチケットを販売する。これなら先に飲食代金を徴収しているので店側に被害はない。なるほど、とも思いましたが、ちょっとおかしなこともあります。

というのも、このニュースに登場する店のご主人は、〈関西初の会員制焼鳥店〉のご主人として関西では知られた存在なのです。テレビに登場したご主人は、無断キャンセルの被害額が大きく、店の経営を圧迫し始めたので、やむなく前売りチケット制を導入したとコメントしています。

会員制の焼鳥店だと喧伝《けんでん》しているのに、前売りチケットを販売して被害を防いでいるというのは、大きく矛盾しているのではないでしょうか。会員制の飲食店で無断キャンセルというのは、どんな事態なのでしょうか。そういうことを防ぐための会員制ではないのか、と思ってしまいます。こういう店側の言い分を鵜呑みにして報道するのも最近のメディアの悪しき慣習でしょう。

モンスターシェフ

モンスターペアレントだとか、モンスタークレーマーなどなど、無理難題をふっかける人はどの世界にもいるものですね。最近では料理屋さんでもちらほら見かけるようになったようで、モンスターシェフと呼ばれる料理人の話を聞いて驚きました。

その兆《きざ》しはしばらく前からありましたね。客よりも店の都合優先というかたち。

たとえば食事を始める時間。ふつうはそれを決めるのは客の側のはずですが、店側がそれを決めるケースもまま見受けられるようになりました。

夜は六時開始。予約の際にそう告げられれば、客はそれを守らねばなりません。お腹が空くから五時開始にして欲しい、だとか、みんなが揃う七時から始めたいといったリクエストはいっさい受け付けてくれません。時間が守れないならほかの店に行きなさい、と言われてしまいかねません。

時間だけではありません。料理も選べないのです。無論アレルギーや苦手なものがあれば事前に申し出ておけば、多少の融通は利かせてくれるものの、原則的に客はみんな同じ料理を同時に食べることになっています。

ワガママを言いたい僕などは、もうこの時点でモンスターシェフに見えてしまうのですが、そんな程度ではモンスターシェフとは呼べないのだと思い知ったお店が、兵庫県は神戸市の西の外れにあります。

僕は明石海峡大橋のたもとにある『舞子ビラ』というホテルが好きで、幾度となく泊まりに行っています。数日間滞在してホテルのレストランや周辺の美味しい店を訪ね、晩ごはんを食べるのも愉しみのひとつなのです。

そして僕は串揚げという料理が好きなので、或るときこのホテルに泊まって、同じ街にある串揚げ屋さんへ食事に行きました。

電話予約を済ませて歩いて店に向かうのですが、思ったより距離があり、ようやく辿り着くとホテルから三十分ほども掛かっていました。地図を見れば、もう少しで明石市になるのですから当然のことかもしれません。よく歩いたものです。

それでも美味しい串揚げを食べることができれば、疲れなど吹っ飛ぶのですが、思いもかけぬ難敵に遭ってしまいました。

ボトルワインを頼んで、おまかせ串揚げコースをお願いしました。いろんな串揚げが順に出てきて、お腹がいっぱいになったところでストップを掛ける、という例のシステムです。

ひとりでボトルワインを飲みながら串揚げを食べる。僕の大好きな時間なのですが、串揚げのペースが早すぎると、飲むのが追いつかずワインが余ってしまいます。なのでこういう串揚げ屋さんでは、必ず、

――ボトルワインを飲み切りたいので、串揚げをゆっくり出してください――

そう頼むことにしています。この日も店のスタッフの方にそう告げました。

多くの串揚げ屋さんでは、カウンターをはさんで目の前にシェフがいますから、直接そう言うのですが、案内された席から揚げ場が離れていたので、スタッフ経由となったのです。

僕の言葉をスタッフがシェフに告げた瞬間、驚くことに明らかに不満そうな顔をしたシェフが首を横に振ったのです。

どうなるのだろうと思いましたが、スタッフは僕に何かを言うわけでもなく、最初の串揚げを運んできました。

きっとシェフは別のことで首を横に振ったのだろうと、ホッとして食べ始めたのですが、なんと一本目を食べている最中に、もう二本目が来たのです。

串揚げは熱々が命ですから、慌ててそれを口にしましたが、それからあとは修羅場といってもいい状況になりました。ほとんど嫌がらせのようにして、猛スピードで串揚げが出てくるのです。途中で何度もスタッフの方に注意したのですが、シェフはどこ吹く風とばかりに串揚げ攻撃を止めません。

決してまずい串揚げではないので残念でしたが、早々とストップし、半分以上もボトルワインを残したまま店をあとにしました。

シェフと僕の板ばさみになった格好のスタッフは困惑していたようですが、お詫びの言葉ひとつもありませんでしたし、シェフは僕と顔を合わせることもありませんでした。いったい何が気に入らなかったのでしょうか。シェフの気に障《さわ》るようなことは何ひとつ言った覚えがありません。唯一、ゆっくり出して欲しい、と言っただけなのですが。

僕は、モンスターシェフという言葉を聞くと、真っ先にこの串揚げ屋さんを思い浮かべます。――串揚げのペースは客ではなく、俺が決めるんだ――いっそのこと、そう言ってくればよかったのに、と思います。

お店のホームページからは、まったくそんな気配は感じられませんから、店というものは本当にこわいなと思います。

ただ、ひとつだけ思い当たることがあるとすれば、お店のホームページに〈こだわりの串揚げ〉と書いてあることでした。

きっと〈こだわり〉という言葉を勘違いして使っているのでしょう。

こだわりのナントカという言葉を使う店に旨いものナシ。常々そう思い、著書でもさんざんそう書いてきたのですが、ここでもまたその法則が当てはまってしまいました。〈こだわり〉という言葉を使う店にはくれぐれもご用心ください。

僕の経験はさておき、最近このモンスターシェフという言葉はラーメン屋さんでよく使われるそうです。

スープを味わうことなく、いきなり麺をすすった。それをとがめるラーメン屋さんの主人がいるのだそうです。先に麺を食べようが、スープを先に飲もうが客の勝手だと思うのですが。

そうかと思えばコショーをかけると怒られる店もあるそうです。ならばコショーを置かなければいいと思うのですが。

麺の固さをリクエストして店から追い出されたという話も聞きました。おそらくこれらラーメン屋さんの主人はきっと〈こだわり〉があるのでしょう。なんとも困った時代になったものです。

第3章　〈食〉を知らない困った客

ミシュラン採点の不思議

本書の冒頭にも書きましたが、今のグルメブームのきっかけとなったのは、ミシュランガイドの日本版だったことに間違いはないでしょう。そしてそれは今も続いているのです。東京版から始まり、京都・大阪版が続き、そのあとは各地方へと広がってゆきます。そしてその度に、料理人さんたちは一喜一憂し、グルメと呼ばれる人たちやメディアも、その動向に注目し続けています。

ご承知のように、このガイドブックはお店の評価を星の数で表しています。三ツ星から一ツ星までの三段階と、最近ではそれに加えて、星無しながらおすすめ、というお手軽な店もリストアップされるようになりました。

これを食べ歩きの参考にしている人たちは少なくないようですから、お店にとっては死活問題でもありますね。星が増えればお客さんは増えますが、減ればそれにスライドして、お客さんの数も減ることでしょう。

かくして料理屋さんのほとんどは、星を獲得するために一生懸命になります。僕にはよく分かりませんが、星を付けるための基準のようなものがあるそうで、まずはそれをクリアしなければいけないのです。トイレの整備や、ワインの充実度もその基準のひとつだそうですが、そんな基準など蹴散らすかのように、三ツ星を取り続けている店も東京にはあるようですから、どうやら線引きは曖昧なようです。

京阪神を中心とした京都・大阪版も毎年改訂版が出版されているようです。大きくは変わっていないはずなのに、瞬間ではありますが、毎年ベストセラーの仲間入りをしていますから、それなりに売れているのでしょう。お客さんとしての立場で買うより、お店側の立場で買われることのほうが多い、と書店員さんから聞いたことがあります。お店にとっては自慢にもなりますし、宣伝効果も大きいので、五冊、十冊とまとめて買われるようです。

覆面なのだそうですが、調査員とされる人がお店に食べに行って、その評価を下されるそうですから、よほど食に精通された方が調査員なのでしょうね。

あえてヴェールで覆っておくことで、その神秘性といいますか、権威付けをしているのでしょうが、はたしてその覆面調査員の方に優れた洞察力があるのかどうか。はなはだ疑問に感じます。

昨今のグルメライターさんやブロガーさんなど、外食経験の豊富な、名の知れた方たちでも、その選択眼や表現力に疑問符を付けたくなることが少なくありません。

権威あるガイドブックで、三ツ星クラスのレストランの評価を下すには、それなりの外食経験は不可欠です。並のライターさんやブロガーさんをはるかに超える経験が必要でしょう。となると当然顔が知られているはずです。顔も名前も知られることなく、高級料理店の外食経験を重ねることがはたしてできるでしょうか。

特に京都は狭い街ですから、星付きのお店を食べ歩いておられれば、すぐに噂が広まることと思います。

ましてやそれが外国人の方だったなら、余計に目立つはずです。横の繋《つな》がりが強い料理人さんどうしのことですから、もしも京都でそういうお客さんがおられたなら情報が伝わるに決まっています。

もうひとつ大きな疑問があります。三ツ星クラスはそれほどでもありませんが、京都の二ツ星クラスの料理店、とりわけ割烹店の中には予約困難なお店が少なからず存在します。半年先の予約すら難しいお店もありますし、完全紹介制のお店もあります。いったい覆面調査員の方は、どういう方法でそれをクリアしてお店に行かれたのでしょうか。

どういうカラクリで覆面調査員の方が、店の人に知られることなく調査できるのか。星の数を決められるのか。それがつまびらかになったら、このガイドブックを買ってみようかと思わないでもないのですが。

星を付けられるお店の側も、それを信頼してお店選びの基準とされているお客さんの側も、まず評価ありきで信頼なさっていることも不思議でなりません。

どこの誰かも分からない人の判断を信じ込んで、毎回発表の際に胸を騒がせる料理人さんも気の毒だなと思っていますが、最近フランスで、その気持ちを正直に吐露し、掲載辞退を申し出たシェフのことが話題になりました。

フランス南部のライヨール村にある『ブラス・ル・スケ』というお店は、なんと一九九九年から十八年連続で三ツ星を獲得してきた有名レストランだそうです。そのお店が、二〇一八年版は掲載されることを辞退したというのです。その理由はといえば、

――覆面調査員による抜き打ち調査や、常に評価に応えなければいけないプレッシャーから解放されたい――

というものだったとニュースの記事にありました。更には、

――私たちはたくさんのものを手にしてきた。しかしそれと同時に、三ツ星という評価の存在で大きな重圧を抱えてきた。緊張を感じることなく、穏やかに、もっと自由な気持ちで料理に取り組みたい――

お店のオーナーシェフはそうおっしゃったそうです。そして、それを受けて、ミシュランガイド側も、今年の掲載を見送ったようです。

とても清々しいニュースでした。これをもって矜持《きょうじ》というのでしょう。あとに続くシェフがどれほど出てくるかは分かりません。逆に、これで席がひとつ空いたと思って、安堵したシェフのほうが多いかもしれません。

しかしながら、レストランガイドの有り様に、一石を投じたことは間違いありません。星の数を競う。星の数で行く店を決める。そろそろそこから脱却すべきときに来ているように思います。

写真映え

二〇一七年度の流行語大賞に、〈忖度《そんたく》〉という難解な用語とともに選ばれたのが、〈インスタ映え〉でした。どちらの言葉も、分からない人にはチンプンカンプン。なんのことかさっぱり理解できませんね。前者は政治絡みのお話ですから、ここで詳しく書くことは控えておきますが、後者については、食と密接なかかわりがありますので、少し検証してみましょう。

ＳＮＳのひとつであるインスタグラムに投稿する際、見栄えのいい写真が好まれることを〈インスタ映え〉と呼ぶようです。そもそもインスタグラムというものは、写真投稿サイトとも呼ばれているようですから、文章より写真が大事なのでしょう。映える写真、つまりは投稿してウケがいい写真を〈インスタ映え〉と呼びます。そしてそれが流行語大賞に選ばれるくらいですから、よほど蔓延《まんえん》しているのでしょうね。

では、どういう写真が映えるのかと言えば――。

並べてみますと、派手なもの、目立つもの、それから今の言葉でいうカワイイもの、そしてうらやましがらせるもの。

ざっと、こんなところだといいます。

こうして見ると、なるほどと納得します。

インスタグラムだとかツイッターは、いちおう僕もアカウントだけを取ってはいるのですが、まったく投稿しておりません。フェイスブックだけは始めてから、もう五年近くになりますし、日記代わりとしてほぼ毎日のように投稿しています。

お友だちの投稿を見ていると、たしかに先に挙げた条件に当てはまる写真には、〈いいね！〉が多く集まります。

そしてそれらの写真の特徴として、偶然ではなく、最初から見栄えを意識して撮られたものだということが挙げられます。

たとえば冬によく行われるイルミネーションですと、ただそのイルミネーションだけを撮るのではなく、それと同化するようなポーズを取ったりとか、小道具を組み合わせることで、人を驚かせるような写真に仕立てたりします。

そしてそれがウケると、どんどんエスカレートしてゆくのも、インスタグラムの特徴なのだそうです。

料理写真もその典型だとされています。

ただ美味しい料理の写真だけでは飽き足りないのか、より目立つ、派手な料理を探すというのですから、何か間違っているように思います。更には撮る側だけでなく、撮られる側、すなわち料理人さんまでもが、インスタ映えを意識して、料理を作っておられると聞けば、少々苦言を呈したくなります。

僕の持論に〈美味しい料理は必ず美しい〉があります。器や盛付けはもちろん、料理そのものが美しいのは、とてもたいせつなことだと思っているのです。

たとえば握り鮨を例にとりましょう。

熟達の鮨職人が握った鮨の美しさといったら、よだれより先にため息が出てしまいます。それほどに美しいプロポーションです。

ネタとシャリのバランス、握るときの力の入れ具合などが、一貫の鮨に反映されているのでしょう、食べるのが惜しいほどの美しさを見せてくれます。

或いは天ぷら専門店で出される天ぷらもそうですね。盛り合わせではなく、ひとつひとつ順番に、目の前で揚げられる天ぷらもまた、名人が揚げるそれは、ため息が出るほど美しいのです。

そうそう、割烹店で出てくる八寸を忘れてはいけません。季節のいっときを切り取ったかのような八寸は、ずっと見ていたいほど美しいものです。

しかしながらこういう美しさと、インスタ映えとはまったく別ものだと思います。美しさよりも驚きが優先されてしまうのです。

同じお鮨でも、インスタ映えだとこんなものに人気が集まります。スプーンが添えられた写真を

白い丸皿の上に載っているのは、丸ごと一枚の板ウニです。

よく見ると、その下にシャリが隠れているのです。

これをお鮨と呼んでいいものかは別にして、〈いいね!〉がたくさん付くことは間違いないようです。

と、これをご覧になったのかどうかは分かりませんが、別のお店で似たような写真が投稿されました。パフェのようなガラス器の底にシャリが敷かれ、その上にイクラが山盛りになっていて、器からあふれ出ているのです。お茶碗一杯分ほどもありそうなイクラをどうやって食べるのでしょう。僕などはこんな料理を前にすると、げんなりするだけなのですが、「食べたい!」というコメントが連続して書き込まれていますから、これもまたインスタ映え効果の典型例だろうと思います。

こうして、もちろん一部に限るのでしょうが、料理人さんたちは、味よりも質よりも、見栄えに力を注ぐようになるのです。それもメガ盛りや、常識外れの取り合わせなど、客を驚かせることで注目を集めようとします。

仮にそれで人気を呼んだとしても、いっときのことで終わってしまうと思いますが、こう

いう店に長い行列ができたりすると、なんともやり切れない気持ちになります。

少しは下火になったようですが、山のようにローストビーフを積み上げた丼なども同じようなものですね。食べるのは二の次とばかりに、出されるや否や、角度を変えて何枚も写真を撮るシーンをテレビで見ました。肉の量を見せつけるように箸で持ち上げて、大口を開けた顔と一緒に自撮りするのです。

写真を撮ったことで目的はほぼ達成したのでしょう。半分以上も残して席を立ってしまいます。そりゃそうでしょう。値段から考えれば安価な輸入肉を使っているはずです。しかもご飯の量は半端ではありません。よほどの大食漢でなければ完食は難しいと思います。

行列に並ぶ。ローストビーフ丼が出る。写真を撮る。少しだけ食べて店を出る。この繰り返しで店は大繁盛。インスタ映え様々ですね。

本末転倒という言葉は、こういうときのためにあるのではないでしょうか。料理を食べることより撮ることを優先する。その結果、世の中にインスタ映えする料理ばかりが持て囃されることになるのです。

若い人のあいだでは、メガ盛りや珍奇な取り合わせが人気となっていて、まるでそれに対抗するかのように、年輩のグルメ族は、高級志向を強めることで、インスタ映えを狙うことになります。

お客さんの目の前で、トリュフを削って山盛りにする。フォアグラをミルフィーユにして金箔を載せる。希少なブランド牛を大きな塊のまま焼く。

シニアグルメたちは競ってそれを写真に撮り、SNSに投稿します。こうして日本の外食は日に日にいびつになってゆくのです。

ムービー映え

インスタ映えのお話の続きです。

今や食のトレンドは、静止画を超えて、動画にその主役が移りつつあると聞いて、開いた口がふさがらなくなってしまいました。

少しおさらいしておきます。インスタ映えとは、SNSのひとつに数えられているインスタグラムに投稿する写真の見栄えの良し悪しをいうものです。そしてその代表として料理写真があるという話です。

美味しいものを食べる、という目的を横に置いて、人がうらやましがる写真の撮れる料理を食べる。そんないびつなグルメが横行している時代なのです。それが静止画では飽き足らず、動画映えする料理が人気を呼んでいるというのですから、末世の様相を呈してきたように思えてしまいます。

ムービージェニックなどという言葉を合言葉に、動きのある料理を作り上げる。味は二の次、三の次。とにもかくにも動画で、人を驚かせ、うらやましがらせることができれば大成功。こうなってくると、もはや食とは無関係です。そのうち食べられない食が出てくるかもしれませんね。

そのムービー映えなるものの先陣を切ったのは鍋料理なのだそうです。

トマトベースのお鍋の中に、とろけるチーズを流し入れたり、煮立った鶏鍋の上から、自《じ》然薯《ねんじょ》をすりおろしながらかけたり。その様子を動画におさめて投稿すると、とても大きな反響があるのだそうです。

動画に向いているのは鍋料理だけではありません。ふつうの料理であっても動きのある場面を録れば、ムービー映えするのでしょう。そうしてブームはまたたく間に広がってゆきます。

たとえばハンバーグステーキにナイフを入れる前から、切るところを録ります。中から肉汁があふれ出る、その瞬間を映像におさめるのです。

少し余談になりますが、このハンバーグを切るときに肉汁があふれ出ることと、美味しさとは直接結び付かないのですが、テレビなどの食レポと称されるシーンで、よく観られることから、多くの方が信じ込んでいるようです。肉汁があふれ出ればきっと美味しいハンバーグに違いないと。

それゆえ、ひき肉を練って丸めるときに牛脂を忍ばせるシェフもいるそうです。そうすることで、より美味しくなるから、ではなくジューシーに見えるから、なのだそうです。

インスタ映え、ムービー映えといったブームの元にあるのは、テレビのバラエティ番組でひんぱんに流される、食レポというシーンでしょう。

それを専門にするタレントさんもおられますが、多くはアナウンサーや、お笑いタレントさんたちがその役を担います。お店に入るところから始まり、ハイライトシーンとなる実際に食べる場面まで。いろんな言葉や表情を駆使して、その料理の味わいを表現します。

ひところ大流行した、お肉を食べての第一声――やわらか〜い――は今も続いているようです。その流れのひとつに、肉汁があふれ出る――ジューシー――があるようです。誰にでも分かりやすい表現は、幼稚と言い換えることができます。

つまり今のグルメは幼児化してきているのです。そう考えればすべてが腑《ふ》に落ちます。そしてそれは何も食の世界に限ったことではありません。世の中のすべてが幼稚な世界を目指しているようなのです。

いい歳をしたおとなが、電車の中で立ったまま、夢中でオンラインゲームに興じている様子などはその典型でしょう。現実の世界をきちんと見ることなく、仮想の世界に入り込んで喜ぶのが今の風潮なのです。

たとえば京都のお寺がこぞってライトアップして、多くの人気を集めているのもそのひとつです。実際は闇夜に薄っすらと見える桜なのですが、そこに煌々《こうこう》と明るいライトを当て、仮想の姿を見せると人気を呼ぶのです。それが高じると今度は、プロジェクションマッピングという重病に陥ってしまいます。建物に映像を映して別ものに仕立て上げると、人々はそれを美しいと思い込み、歓声を上げ、ムービーにして投稿します。

それが食の世界にも広がってきたのです。驚くべき店が東京にあることをテレビで知ったのは、つい最近のことです。

ムーディーを通り越して、闇鍋でも出て来そうに暗い店内です。そこで供されるのは創作フレンチ。ここまでなら、いかにも東京にありそうな話ですが、この店ではテーブルにプロジェクションマッピングを施し、料理と一体化させるのです。

森の中の映像をテーブルに映し出し、雑木林をテーマにした料理を出すのです。映像も変化し、それに合わせた料理が次々出てくるという仕掛けなのですが、予約が取れないほどの人気店なのだと紹介されていました。

そこにあるものを、そのまま見て美しい、美味しいと思えなくなった感性が辛いですね。見栄えのいい、派手なものが持て囃される時代の中で、あらゆる場面で幼児化が進んでいますが、どうやらこの傾向はしばらく続きそうです。

おせちと雑煮

ユネスコ無形文化遺産に登録されて以降、〈和食〉とは何か、という問いかけが多く聞かれるようになりました。様々な論が飛び交う中、誰もが異を唱えないのは、郷土色豊かな行事食。

その代表とも言えるのが、正月料理。おせち料理と雑煮です。

おせち料理も、かつてはその地方ならではの、個性豊かな料理が並んだものですが、今ではほとんど全国共通となりました。これには明確な理由があります。それは家庭で作ることが激減したからです。

いつのころからでしょう。重箱に詰めるおせち料理は、デパートや料亭で買うのが当たり前のようになりました。秋も深まるころになると予約が始まり、テレビも新聞もいち早くそのニュースを伝えます。まるで風物詩であるかのように、です。

人気店のものは早々と完売になるそうです。たとえそれが十万円をはるかに超えていてもおかまいなし。ここにはまだバブルの残り火がくすぶっているようです。

ついこのあいだまで、どこの家でもそれぞれに正月料理をこしらえたものです。そしてそれは、ともに作ることによって、祖母から母、娘へと伝わり、その地ならではの、家庭の正月料理が、正しく伝承されていったのです。同じように見えて、それぞれの家で少しずつ異なるから愉しいのです。

時代とともに、核家族化が進み、かつ料理の手間を省く風潮が広まったせいもあって、おせち料理は、家で作るものではなく、お店で買うものになってしまったのでしょう。

僕が住む京都では、今も家で作るところが多く残っています。我が家も例に違《たが》わず、祖母から母、家人から娘へと伝わっています。そろそろ孫たちも手伝い始めていますから、次の世代にも伝わっていくものと思います。

ただ、この事の是非を今更論じても詮《せん》無いことですね。ひと度途切れてしまうと、元に戻れないことだけは確かなのですが、時代の流れにあらがうことは困難です。

かたや、雑煮については、今もって地方色は豊かに残っているようです。さすがにお雑煮まで、出来合いを買うことはできないでしょうから。

お正月の休み明けにみんなが集えば、決まってお国の雑煮自慢となりますね。我がふるさとの雑煮はカクカクシカジカで、こんな具を入れる。これほど旨いものはない。いやいやうちの田舎では、斯様《かよう》な味付けをし、餅は焼いた丸餅に限る。これに勝る雑煮などあるはずもない。口角泡を飛ばしての持論が飛び交うことになります。

日本中を旅していると、驚くような雑煮に出会うことがあるんです。たとえば北は青森の八戸で食べた雑煮には、鯨《くじら》の皮の塩漬けやジャガイモが入っていました。岩手の釜石では焼いたワカサギやイクラを入れて、クルミ醤油のタレを付けて食べるという、とても風変わりなお雑煮でした。

一番びっくりしたのは山陰地方の日本海沿いのとある街のものでした。なんと甘く煮た小豆《あずき》と、その煮汁を張った椀に、大きな丸い煮餅がどんと載っているのです。どう見てもこれはおぜんざいだと思うのですが、地元の人はこれを雑煮だときっぱり言い切ります。

これこそが、多様な日本の食文化の象徴。こういうところをもって、世界に誇るべき文化遺産というのだと思います。

かくいう京都の我が家では、白味噌をたっぷり使った汁に、煮た丸餅、金時《きんとき》人参と聖護《しょうご》院《いん》大根の薄切りを入れ、花カツオをたっぷり掛けて食べます。お餅を焼くと、焦げた色が汁について汚れますので嫌うのが一般的ですが、うちでは焼いて入れることが少なくありません。京都の古い家では頭芋《かしらいも》を入れますが、味がくどくなるので、これを苦手とする向きも少なくなく、最近では入れない派が多くなったようです。

多少の変遷はあったとしても、こうして京都ならではの雑煮が世代を超えて、伝わっていきます。日本中きっと同じでしょう。無形文化遺産として、世界に誇り、守っていくべきは、こういうものなのではないだろうかと思うのです。

日本だけに限ったことではないでしょうが、同じ料理でも、地方、地方で調理法や味付けが異なるのも〈和食〉の特性、世界に誇れるものです。

よく語られるのは東と西の違い。外国人にも知られる料理、寿司、天ぷら、すき焼きなどが、その典型ですね。

たとえばお寿司を例に挙げてみましょう。その名もズバリ、東は江戸前握り、西は大阪寿司と呼ばれます。

どちらも、発酵食品である熟《な》れ寿司から派生したものなのですが、東京は豊富な生ネタを、瞬時にシャリと合わせて、指で握り、すぐに供します。俗に早寿司と呼ばれています。

かたや大阪では、シメ鯖や玉子焼き、鱧《はも》のすり身、白身魚の昆布〆、焼穴子などのネタを、木枠に詰めた酢飯に載せ、ふたで押し固めて、しばらく寝かせます。そしてそれをひと口大に四角く切り分けて食べるのです。その形状から箱寿司とも言われます。シメ鯖や焼穴子を長いまま酢飯に載せて、竹皮で包んで固める寿司もあり、こちらは棒寿司と呼ばれます。

江戸前握りはシャリに空気を含ませると言いますから、一貫あたりの酢飯の分量は、大阪寿司に比べて遥かに少ないでしょう。

せっかちな気性の江戸っ子には、早寿司が似合いますね。ご飯ものというより魚を矢継ぎ早に味わうのが目的なのかもしれません。お酒のアテ、もしくはおやつ代わりとしても発展してきたのでしょう。

一方、商人の街である大阪では、ぎっしりとご飯が詰まり、箱寿司や棒寿司を、数切れも食べればお腹がいっぱいになります。空腹を満たすことが第一目的だったと思います。

このように、お寿司ひとつ取っても、それぞれの街に住む人によって、大きく異なるのです。その食文化があればこそ、和食が無形文化遺産として登録されたのだということを忘れてはいけませんね。

和食の国際化という幻想

ほかの地方ではそれほどでもないのでしょうが、京都では連日のように、和食に関するニュースが流れます。地元の新聞はもちろん、関西ローカルの、テレビのワイドショーでも、和食が話題になることは少なくありません。

いつのことでしたか、〈和食の国際化を考える〉をテーマに、シンポジウムが開かれたとの新聞記事が大きく掲載されていました。そもそもが、和食を国際化しようとすること自体に無理があると、僕などは思うのですが。

それは少しばかり、海外に目を向ければ分かることです。たとえばフランス料理、もしくは中国料理などが、国際化を目指すなどという話は聞いたことがありませんよね。もしもフランス料理や、中国料理も国際化を目指すべきだという論調がでてきたら、きっと彼らは一笑に付すことでしょう。なぜ自国が誇る料理を、グローバルなものにしなければならないのか、と。

世界に類を見ない料理だからこそ、無形文化遺産として認定されたわけであって、国際化という言葉に馴染まないのが、和食の本質なのだと思います。

今の世の中、何かといえばグローバルですね。その流れに乗ろうとしているのでしょうが、料理人さんたちが自ら墓穴を掘っているように見えて仕方がありません。

きっと僕と同じ思いだったのでしょう。著名な日本文化研究家が、こう発言されました。

――無形文化遺産登録後、格付け本に載る料理ばかりが注目され、生活に根差した料理が下火になっているのでは――

そう疑問を呈した、と新聞記事にありました。

これに対して、京都の料理界を代表して出席していた料理人さんは、

――外国人に発信するには、ランキングのような、分かりやすさも重要なことだ――

そう反論されたそうです。

京都の日本料理が、日々変節をとげるのも、致し方のないことだと納得しました。日本文化研究家の抱かれた疑問というか、指摘は至極真っ当なものだと思います。そして、おそらく大方の京都人は同じ考えを持っているだろうと思います。

京都には千を超える数の日本料理店があるはずなのですが、メディアに登場して、和食がどうこうと語るのは、ほんのひと握りの料理人さんたちなのです。いつも同じ顔触れであることに辟易《へきえき》しているのが、京都人の率直な思いではないでしょうか。

それに対する料理人さんの答えは、上位に格付けされている店の主人が京都の店を代表するのは、当然だと言っているわけですね。そしてその理由を、外国人客に理解されやすくするため、と言っています。

続けてこの料理人さんは、

——和食の範囲を広げることが、和食を広めることに繋がる——

こう宣言されました。

かねて議論の的となっている、〈和食とは何か〉、どこまでが和食なのかという問題について、どうやら料理人さんたちは、枠を広げたがっているようです。

カレーもラーメンも、焼肉も、たこ焼きも、日本で独自のスタイルを築いた料理はすべて和食。京都でも著名な料理人さんたちはそう口を揃えます。でも、それに反論する料理人さんはほとんどおられません。なんとも不思議なことですが、きっと日本の社会にありがちな縦社会が、料理人さんたちのあいだにも続いているのでしょう。

言うまでもなく、和食は長い歴史を重ねて来た伝統文化です。能や狂言、文楽などの伝統芸能と比肩しうるものだと信じてやみません。能楽師や狂言師の方がランキングなどをされるでしょうか。国際化を目指されるでしょうか。きっと否でしょう。いかにして伝統を守り抜くか。そこに腐心されているものと思います。

今の料理人さんたちにその意識が薄いことは、とても残念に思います。日本文化の一翼を担っているという気概を持ってほしいと思っています。

かつて日本料理を志す料理人さんは、ただ料理のみならず、あらゆる日本文化を学ぶのが常でした。茶道、華道はもちろん、日本庭園や仏像などにも造詣を深めようとしていました。ですから、日本古来の言葉の意味をちゃんと知った上で使っていました。が、今の料理人さんの中には、とんでもない勘違いをしておられる方もおられます。

京都でも指折りの星付きホテル。その中の高級和食店では、独特の盛付けをしたお造りを売り物にしているようです。

砕いた氷を皿に敷き詰め、その上に造りを載せ、氷柱を傍《かたわ》らに立て掛ける。これをお店では〈枯山水《かれさんすい》〉と呼んでいて、お客さんはそれを聞いて歓声を上げるのだそうです。

別段、日本庭園の専門家でなくても、〈枯山水〉とは水を使わずに、水を表現する庭園をいうことなど、誰でも知っていますよね。ふんだんに氷を使った盛付けを〈枯山水〉と呼ぶのは明らかな間違いです。おそらくは、ものの本質など、知ろうともしない料理人さんが、岩を並べた庭園の形だけを真似て、それを〈枯山水〉だと誇らしげに言っているのでしょう。嘆かわしい話です。

自ら日本文化を破壊する料理人さんに、――和食は文化遺産――と自慢してもらっては困るのです。

ふつうに美味しい

いつのころからか、特別の美味しさを求めることが多くなってきました。

曰く、ここでしか食べられない味、今しか味わえない料理。日本一美味しい、世界一の料理。

スペシャルこそが、美味の真髄とでも言わんばかりに、特別感を競うのが今のグルメ事情です。

とあるフレンチに行ったときのことです。誰それさんが作った野菜と、ナニガシさんが一本釣りした魚を、シェフが編み出したスペシャルソースで食べる料理というのがメニューにありました。とても長いメニューの名前で、説明を聞いて全容を思い浮かべるのに、しばらく時間がかかってしまいました。

でも、そう聞けば食べずにいられないのが、今のお客さんなのでしょう。このお店では一番人気だと給仕の方が自慢しておられました。

僕はメニュー名が長い料理は苦手なので、子羊の網焼きとだけ記されたメニューをオーダーしました。

待つあいだに横目で見ると、くだんの長い名前の人気料理は、僕にはただのアジフライにしか見えませんでした。

ナントカチーズを粉末にして、それをパン粉に混ぜ、アジにまぶして揚げ焼きにしました。カントカさんの畑で採れた、朝採れの水茄子を添えてあります。そんな説明を耳にしました。お行儀悪く、聞き耳を立てていると、話はそれで終わりませんでした。そのアジを釣り上げるのには、どれほどの困難があったか。水茄子しかり、それを収穫するまでには、言葉に尽くせないほどの労苦があって、シェフがこのソースを編み出すまでに十年掛かったのだそうです。

料理が冷めてしまう。僕はそればっかりが気になりました。

それほどのこだわりを持って作られた料理ですから、もちろんまずいわけがありません。それはそれは美味しい料理だったのでしょう。でも、それを横目に食べた子羊の網焼きも、とても美味しかったことは付け足しておきます。

それから半月ほど経った或る日の昼下がり。馴染みの食堂に立ち寄りました。実はミンチカツ狙いだったのですが、――アジフライあります――との貼り紙を目にして、そちらに急きょ変更しました。

さほどの待ち時間もなく、目の前に現れたのは、昔ながらのアジフライです。千切りキャベツを枕にして、開いたアジのフライが三切れ。食堂ですからタルタルが添えられるわけもなく、テーブルのウスターソースを掛けて食べよ、とのご主人の暗黙のお達しにしたがい、たっぷりと掛けて食べます。

細切り豆腐の入った味噌汁と、真っ赤な柴漬けと、毒々しいまでに黄色い沢庵《たくあん》を合いの手に、ご飯に載せて、黙々とアジフライをむさぼり食うのは至福の時間です。

途中で練り辛子をリクエストしたら、目の前でチューブを絞って皿の隅っこに載せてくれました。アジフライを、箸で半分に切って、ソースをたっぷり掛けて、練り辛子を載せて、ご飯の上に載せます。ソースの染みたご飯も、アジフライもとても美味しいのです。特別なものではない、ただのアジフライが、悔しいくらいに美味しいのです。

食べ終えて、レジにいるオバチャンに訊いてみました。

――どこのアジかて？　そんなん知りまへんわ。いつもの魚屋はんが持ってきてくれたんでっさかい。キャベツ？　普通のキャベツですやろ。難しいこと訊かんといてくださいな――

店のオバチャンが面倒くさそうに答えました。

先のフレンチでは三千円を軽く超えていたメニューですが、この食堂では、単品ではなく定食になって六百円でした。つまりは五分の一以下ですね。

これをどう食べ分けるかは、お客さんの判断に委ねられます。安ければよしとするのか、高くてもブランドを優先させるのか。

おそらく時代の流れは後者なのでしょうね。

飽食の時代と言われ始めて、ずいぶんと長い年月が経ちました。

食材も選りすぐり、調理法も、味付けも特別のものでなければ価値を認めない。俗に食通と呼ばれる人たちの価値観に、多数がしたがう流れが出来上がっています。

食に限ったことではありませんが、名もなく貧しく美しく、は、とうに死語となってしまいました。

名もあって、貧しくなければ、美しくなくともいい。それが今という時代なのでしょう。

意外に思われるかもしれませんが、特別な美味しさに出会うことは、さほど難しくはありません。世の中に、特別があふれているからです。しかもその特別を、メディアを中心にして、どんどん宣伝してくれます。それに比べて、ふつうに美味しいものと出会うのは、とても難しくなりました。なぜなら、それらは何も主張しませんし、じっと影を潜めているからです。

高額の食パンがブームなのだそうです。

うちのすぐ近所にも、そんな高額食パン専門の有名店ができました。お店の前にはいつも行列ができています。予約しておいた人たちが次々やってくるのですが、お店の外で順番を待つルールがあると聞きました。お店の人気をアピールするための戦略なのでしょうね。それを見た人たちは、何ごとかと興味を持ち、そんなに人気があるのなら、きっと特別美味しいのだろうと、予約するはめになります。

少し前までは、この手の商法には見向きもしなかった京都人も、最近では流れに乗る人たちも出てきました。

ただのブームでしかないのに、それを特別なものとして崇める人たちは増えるいっぽうです。

ふつうに美味しいものを食べたい。そう思うことが少なくありません。たとえばラーメン。

或いは蕎麦、もしくはカレー、とんかつ。食べ慣れた味。懐かしい味。いつもの味。ふつうに美味しいものが貴重に思える。不思議な時代になったものです。

お店とお客さんのみだらな関係

日本の外食におけるルールというか、マナーは悪化の一途を辿っているように思えてなりません。

それは飲食というより、淫食とでも呼びたくなるような、何とも情けない話で、その第一の要因は、お客さんと料理人さんのあいだが、極めて近くなってしまったことにあると思っています。

もともと店側と客の間には、結界とも呼ぶべき、厳然たる境界があって、互いにそこから先には立ち入らないことを旨としていたはずです。

何もそれは飲食店に限ったことではなく、店と客は互いの立場を尊重し、敬意を払いながら、親しく接して来たのです。

どんなに親しい常連客であっても、それこそ〈親しき仲にも礼儀あり〉。店で接客する際は、節度をもって臨み、客もまた同じく、慎《つつし》みをもって店と、主人と向き合って来たものなのです。

たとえば、とある馴染みのお店でのお話をしましょう。

至極気軽な店で、今どきのコース一本槍の高級店ではなく、しかし居酒屋とは一線を画すような、凛とした空気が流れる店でした。過去形で書いたのは、今はもう廃業されてしまったからです。

多いときは月に二度、三度、少なくとも一度は通う店で、居心地のよさと、美味しい料理に、たいていは深酒をしていました。

そうなると、決まって僕はご主人にもお酒をすすめるのですが、いつもご主人は杯を受けて、恭《うやうや》しく捧げ持って、口を付けるだけで一礼して杯を僕に返していました。

きっとお酒に弱いのだろうと長く思い続けていたのですが、お店がなくなってしばらく経ったころのことです。その店の近所の居酒屋で偶然、そのご主人を見かけました。そしてその酒豪ぶりに驚いたのです。

なみなみと注がれたコップ酒を口から迎えに行って、くいくいと、音が聞こえて来そうに、実に美味しそうにお酒を飲むではありませんか。そして一気に飲み干して、お代わりを頼まれたところで、僕と目が合いました。

気恥ずかしそうに会釈して、頭をかくご主人に話を聞いたところ、

――お客さまと同じように、料理人が店の中で酒を飲んではいけないと、親方にきつく言われていましたから――

そうお答えになりました。もう古希に近いだろうご主人の口から、まるで修業中の若い職人でもあるかのように、親方、という言葉が出たことにも感心しました。きっとしつけの厳しい親方だったのでしょう。

これが本来の姿なのだろうと、深く感じ入りました。

店においては、主人はもてなす側で、客はそれを受ける側。同じ土俵に上がってはいけない。親方は若い職人にそう教え、職人はそれをずっと守り続けました。それでこその割烹なのです。

いつのころからか、小さな店を貸し切って、仲間内での食事会を催すことが目に付くよう

になりました。僕はそういう機会を持ったことがないのですが、グルメブロガーさんやフェイスブック友だちの投稿を拝見すると、頻繁に行われているようです。

貸切ですから、ほかにお客さんが居ないという安心感がそうさせるのか、本来は料理撮影を禁止されているお店ですが、そのときだけは写真は撮り放題のようです。カウンターを挟んで、お客さんとご主人が幾度もグラスを合わせ、ヘンな顔まで見せて写真に撮られています。

お客さんはあちこち席を移動し、ついにはカウンターの中にまで入り込んで、女将さんとツーショットの写真を撮ったりもしています。

これが、そこいらの居酒屋さんのお座敷なら何も問題はありませんね。ふだんは店と客という立場ですが、客どうしとなれば無礼講となって当然です。

でもそこはれっきとした割烹店なのです。それも半年先まで予約が埋まるという、憧れの人気割烹です。たしか基本的には取材お断りのはずです。お客さんが料理写真を撮ることすら禁じられている、言ってみれば至極ストイックなお店なのです。

いったいこの差は何なのでしょう。僕には不思議で仕方がありません。誰に向けての店なのでしょうか。

貸切にしてお馴染みさんたちで席を埋めれば、店は売上が保証されます。いっぽうでお客さんはほかの客を気に掛けることなく、自由奔放に振る舞えます。シャンパーニュを持ち込んで、店のご主人や女将さんと酌み交わし、その様子を堂々とＳＮＳで公開する。それがはたして、店としての真っ当な姿なのでしょうか。

　東京、大阪ではずいぶんと前から、こうした仲間内の貸切の食事会が行われていたようです。京都とは無縁だったはずが、いつしか当たり前のように開かれるようになってきました。

　誤解しないでほしいのですが、貸切営業のすべてを否定しているのではありません。特に小さな規模のお店であれば、数人で会食する際、どうせなら貸切にしてしまったほうが、ほかのお客さんにも迷惑がかかりませんし、目的を同じくする同志の方たちが集まって、愉しく語らいながら食事をされることは、むしろ好ましいことだと思います。但しそこが、飲食のお店だということを忘れていない場合に限るのです。

　淫食という言葉を使ったのは、こういうことなのです。店を貸し切りにしたお客さんも、それをよしとした店のご主人たちも、どちらも食事の場を淫らなものにしてしまっている。そのことを嘆いているのです。

本来、食とはもっと清らかであるべきものです。それはすべての客に等しく接するという姿のはずです。

店とは、客とは。そのあるべき姿が問われています。

僕は集うことは好きですが、群れることは好みません。せっかく集うのなら、美味しいものを食べようと思いますが、食べるために群れようとは思いません。なぜなら必ずそれが淫食になってしまうからです。

割烹のお茶とペットボトルのお茶

日本にいながら、お茶をわざわざ、〈日本茶〉と言わなければならないのは、どうにもおかしな話ですね。

とある京都の割烹で、食事を終えたお客さんが女将さんにこう言います。

——お茶をいただけますか——

女将さんが問い返します。

――お茶どすか？　それともウーロン茶になさいます？　――

街の居酒屋さんなら仕方ないのですが、祇園に店を構える、至極真っ当な割烹でも今ではこんな状態です。

日本料理を出す店で、お茶と言えば日本茶に決まっているでしょう。夏場なら、温かいお茶か、冷たいお茶かを訊ねることはあったとしても、よりによって、なぜウーロン茶なのでしょうか。

こんな僕の疑問は、とある料理屋のご主人によって瞬時に解明されました。

――どんなええお茶を使うてても、日本茶でお金は取れまへん。ウーロン茶なら有料にできますねん――

なるほど、そういう理由だったのかと腑に落ちましたが、納得はできません。

たしかに、日本の料理店でお茶を頼んで、それに対価を支払ったことは一度もないと記憶しています。日本では、高級料亭から、ワンコインで食事ができる大衆食堂まで、たいていお茶は無料で提供されます。

食堂のお茶であっても無論原価は掛かっています。ましてや老舗料亭のお茶ともなれば、きっと上等のお茶を使うでしょうし、かなりの元手は掛かっているはずですが、それでも有料にしている店など聞いたことがありません。不思議といえば、これほど不思議なこともありませんね。

お茶とひと口に言っても、いろんな種類があり、京都の料亭や割烹などは、それを使い分けます。

食事を始める前は、口を清めてくれるような上等の煎茶。食事が終わったあとは、余韻を愉しめるほうじ茶などの番茶。原価も手間も掛かりますが、もちろんこれは無料で供されるのです。

では、日本人は日本茶をタダで飲めるものと決め込んでいるのかと言えば、まったくそうではなくて、ペットボトルに入ったお茶なら、進んでこれを買うのです。

おおむね五百ミリリットル入りが百五十円ほどでしょうか。一見すると安いように思えますが、よくよく考えると実はガソリンより高いときもあるのです。

ガソリン一リットルが百六十円を超えたりすると、メディアは大騒ぎします。安く売るガソリンスタンドに長い列ができているのを、ニュース番組で紹介する場面はしばしば見かけますね。でもこれを五百ミリリットルに換算するとたった八十円なんです。激安店にでも行かないと、お茶のペットボトルは八十円では買えませんよね。自動販売機で百五十円を入れてお茶を買うことに、「高い！」と文句を付ける人など見たことがありません。

であるのに、たとえば食堂で、日本茶が有料だとすれば、きっと誰もそれを頼まないだろうと思うのです。たとえ一杯十円だったとしても、タダの水で済ませるお客さんがほとんどなのではないでしょうか。

でもお湯呑一杯分が三十円ほど掛かったとしても、ペットボトルなら何も文句を言わずに買うのです。自販機の前で、或いはコンビニで、価格と比べて躊躇《ちゅうちょ》する人など、一度も見たことがないですね。この差はいったいどこから来るのでしょうか。

ほとんどの日本人は日本茶というものは、料理に付随するものだと思っているに違いありません。喫茶店なら無料で水が飲めるのと同じで、どんな料理屋でも和食を出す店なら、日本茶はおまけのようなものだから、無料だと決め込んでいるのです。これは店も客も同じですね。

では、なぜペットボトル入りなら平気で買うのか、と考えて、ふと思い当たりました。どうやらこれは、お茶を淹《い》れる手間賃だと考えているようなのです。

やかんでお湯を沸かし、茶筒から茶を急須に入れ、お湯が沸いたらそこに注ぐ。たったそれだけの、手間とも言えないほどの手間なのですが、現代人はそれを惜しみ、ペットボトルを買うのです。飲食店での有料は嫌っても、ふだんは有料でもかまわない。そんな不思議な現象を助長するのにひと役買っているのが、著名なお茶屋さんだったり、名の知れた料理人さんだったりするのですから、なんだかわけが分からなくなってしまいます。

本来は急須でお茶を淹れることを推奨すべき方たちが、テレビのコマーシャルでペットボトル入りのお茶を飲んで絶賛する。僕には異様な光景に映るのですが、それによってペットボトル入りのお茶の売り上げが伸びるのだそうですから、不思議も極まれりですね。

そんな不思議な現象は長く日本で続いてきましたが、最近になって少し変化が見られるようになりました。

ティーペアリング

その口火を切ったのは、日本料理店ではなくフレンチやイタリアンのレストランです。

ティーペアリングと呼ぶのだそうです。

最近ではお酒にも、このペアリングという言葉がよく使われるようになりました。かつてワインはマリアージュという言葉を使っていたと思うのですが、最近はもっぱらこのペアリングです。

マリアージュはフランス語で結婚を意味します。ジェンダーフリーの今の時代には、ふさわしくないということから、ペアリングという言葉に変わった。まことしやかにそう解説する人がいましたが、本当かどうかは分かりません。

いずれにしても、レストランで料理とお酒をペアにしてメニューに載せることが流行のようになっていることは間違いありません。そしてそれがお茶にも及んできて、料理とペアリングすることで有料化されるようになったのです。

特別な日本茶を特別な淹れ方で出す。これこれこういう料理に合うのは、こんな日本茶だ。どうやらそれがブームの様相を呈してきたようです。そしてその背景にあるのは、お酒離れをしている若い人たちの増加であることは確かなことでしょう。

当たり前のようにして、夕食には必ずお酒と料理を愉しんできた僕には分からないのですが、下戸の方にお話をうかがうと、飲めないことで肩身の狭い思いをされてきたようです。

お酒を飲まない客は嫌われるのでは、と今も思っておられる方がいると聞いて驚くばかりですが、たしかに下戸の方は酒飲みに比べて、お店に支払う額は少なくなります。自慢ではありませんが、僕などは料理よりお酒代のほうが高く付くことも少なくありません。かといって、お店の方がお酒を飲まないお客さんを嫌がるとは思えないのですが、世の中とはそうしたものなのでしょう。

そこでティーペアリングです。

グラスに入ったお茶や、ポットに入ったお茶は、おおむねグラスワイン並みの価格で提供されるようです。となれば、酒飲みと同じ程度の支払額になるので、肩身の狭い思いをしなくて済むというわけです。

いいことですね。お茶がタダで飲めるということのほうがおかしかったのかもしれません。加えて、ワイン通がワインを語るのと同じように、お茶を語ることができ、食事がより豊かになる効果も生んでいるようです。

きっといつかは日本料理店でも同じような流れが出てくるでしょう。居酒屋ならぬ、居茶屋なんていうものも出現するかもしれません。飲食店でのお茶はタダ。そんな時代もあったなぁ、と懐かしむことになるのでしょうか。

抹茶ブームへの疑問

お茶に関しては、もうひとつ不思議なことがあります。それは抹茶です。

――あなたが抹茶を最後に召し上がったのはいつですか？――

そんな質問をして、昨日だとか、今日だとか答えられる人がどれほどいらっしゃるでしょうか。

覚えていないほど、はるか以前だと答える人がほとんどだろうと思います。一般の方にとって、薄茶《うすちゃ》を飲むというのは、特別なときに限りますね。毎朝自分で抹茶を点《た》てて飲むという粋人も中にはいらっしゃるでしょうが、ふつうのお茶でさえ急須で淹れない人が、家で毎日抹茶を点てるとは思えません。

では質問を変えてみましょう。

――あなたが抹茶味のお菓子を最後に食べたのはいつですか？――

おそらくは、最初の質問と逆の答をされる方がほとんどだと思います。それほどに、抹茶を使った菓子は広く普及しています。

抹茶スイーツなどというジャンルがあるほどですから。

抹茶は本来点てるものであって、菓子に使うのは邪道だ、などとまでは言いませんが、それにしても、あまりにも違いすぎるのではないでしょうか。まずはお茶を点てて薄茶を飲むことに親しみ、そののちに抹茶を使った和菓子を食べるというのが正しい道だと思うのですが。

たしかに食文化は時代とともに移りゆくものだとしても、あまりにも行き過ぎていると思えてなりません。

やかんもない家が増えていると聞きます。もちろん急須なんてあるはずがないのです。そんな家庭が増えていると聞けば、暗澹《あんたん》たる気持ちになります。

茶の間という言葉があります。

文字どおり、家族がお茶を呑んで歓談する場所です。

お茶が先に来るときもあれば、家族が集ったのでお茶にすることもあります。

まずはやかんでお湯を沸かすことから始まります。最初は静かだったやかんから、シュンシュンと音が出始めます。注ぎ口から少しずつ湯気も上り始めたら、お茶を淹れる準備です。

かつてはどこの家庭にも茶筒というものがありました。たいていはブリキですが、銅を使った茶筒といった贅沢なものを使う家もありました。

京都の家々ではたいてい『開化堂』というお店の茶筒を使っています。職人さんがひとつひとつ手作りしたそれは、極めて精緻にできていて、密封性が高いので、お茶っぱがしけることがありません。

その茶筒のふたを開けるときには、決まって、スポン、という音がします。この音がお茶の時間の始まりを告げる合図になります。

そうなんです。お茶の間って、いろんな音がしていたのです。

スポン、と開いた茶筒からお茶っぱを急須に入れるときは、サラサラと音がします。そして、やかんのお湯を急須に注ぐときは、ドボドボとまではいきませんが、ジュブジュブといった音がします。家族はその音に集まってきたような気がします。

音が静まったら家族だんらんの始まりです。いろんな音が家族の会話に変わるのです。あーでもない。こーでもない。たいていはたわいもない会話です。口角泡を飛ばすこともときにはあります。家族が家族を思いやり、ときには棘《とげ》を立てることもいといません。それはしかし、お茶があってのことなのです。

どんなにオーバーヒートしたとしても、お茶があれば、過ぎたる熱を冷ましてくれる。その場を茶の間と呼んだのは、日本人ならではの優れた感性だと思います。

茶の間という空間。お茶を淹れるというゆとり。それらをなくしてしまえば、そこにはきっと団らんも生まれないだろうと思います。

せめて抹茶スイーツに費やすお金と時間を少しだけでも、本当のお茶に回せば、もっと豊かな時間が生まれると確信しています。お茶というものをもっともっと大事にしていきたいと思います。だって日本人ですもの。

新規オープンに群がる人たち

雨後の筍《たけのこ》、といっては失礼かもしれませんが、よくぞこれほど、とあきれるほど、京都の街には次々と飲食店がオープンしています。

割烹店が最も目立つでしょうか。グルメブロガーさんのブログやSNSの投稿を拝見していると、ほぼ毎週一軒ずつオープンしているように感じてしまいます。

その次は麺類店でしょうか。少し前まではラーメン屋さんが多かったのですが、最近はうどん屋さんの新規オープンが目に付きますね。

とても不思議なのは、それらニューオープンの店がすぐに繁盛することです。

割烹屋さんもうどん屋さんも、特段のサービスをするわけでもありません。スーパーマーケットやコンビニの場合は、決まってオープニングセールと称して、開店記念に特売をしますね。それを目指して行列ができるのはよくあることです。

でも割烹屋さんもうどん屋さんも、たいていは特別セールをしません。なのにいち早く駆け付けるお客さんがたくさんおられるのはなぜなのでしょう。

先に書いた開店記念の特別セール。なぜ並ぶかといえば、皆さん得をしたいからなんですね。ふだんは百円するお豆腐が五十円で買える。五十円得しますよね。並んだ自分だけが得をする。だから並ぶんです。

得する、損する、というのが、どうやら今の時代のキーワードのようです。そんなタイトルのテレビ番組もあるくらいですから。

ではニューオープンのお店にいち早くはせ参じると、どんな得をするのでしょう。普通に暮らしている人にとっては、何も得することはないでしょう。でも、一部の人にとっては、損得の分かれ目になるのです。

もうお分かりですね。プロアマの別なく、グルメを自称する人たちです。いち早く駆け付け、いち早く主人と親しくなること。グルメライターさんやグルメブロガーさんにとっては生命線とも言える、最も大事なマターなんです。

そして特徴的なのは、皆さんこぞって大絶賛されることです。撮影が禁止されていなければ、たくさん写真も撮って投稿します。

店の外観から店内の様子、お祝いの花が飾られていれば、贈り主の名前も見せて。料理の内容もすべて明らかにしてくれます。もちろん店主や女将さんとのツーショット写真も忘れずに。

それがどんな得になるかといえば、プロのグルメライターさんにとってはメシのタネ、アマチュアのグルメブロガーさんにとっては自慢のタネになるのです。

プロのライターさんが、ＳＮＳやご自身のブログでニューオープンのお店に真っ先に乗り込んで、事細かにレポートします。それを見た女性誌やグルメ雑誌の編集者から取材依頼が入ります。

一部を除いて、ほとんどの雑誌の編集部は東京にあります。経費削減を至上主義とする出版社において、わざわざ京都まで出向かなくても、ニューオープンの店情報が得られるのはとても有難いことですから、義理を果たさねばなりません。こうしてプロのライターさんに取材という仕事が入るわけですので、何がなんでもニューオープンの店に駆け付けねばなりません。そしてもうひとつ大事なことは、ニューオープンの店は、徹頭徹尾ほめちぎることです。

こんな店は今まで京都になかった！　新星現る！　予約困難は確実！　星獲得は時間の問題！　とにかく煽らなければいけません。その煽り方によって、店紹介のページ数が決められるのですから。感嘆符が多ければ多いほどページ数が増え、ひいてはライターさんの原稿料も増えます。競って一番乗りするのには、こういうわけがあるのです。

いっぽうで、アマチュアのブロガーさんも似たようなものです。

――おそらくこの店をブログで紹介するのは、私が最初だと思う――

グルメブロガーさんにとっては、最大の自慢のタネになるのです。お店のご主人ともいい関係になれますね。何しろ無料で宣伝してくれるのですから。有名ブロガーさんなら顔も知れていますし、必ずほめてくれることも分かっていますから、できるだけいい食材を使って、最大限のもてなしをします。

プロのライターさん、アマチュアのブロガーさん、そしてお店の主人。こうして持ちつ持たれつの、良好な三角関係が出来上がるのです。

少し余談になりますが、僕にはこれはとても有難いことなんです。

新しくできたお店がどんなふうで、どんな料理がでてくるのか。行かなくても分かってしまうのですから、高い授業料を払わずに済むわけです。

というわけで、最近オープンした割烹店に行くことはほとんどありません。

ほとんど、と書いたのは少しばかり例外があるからです。新しくできた和食のお店で、行きつけになったところが二軒ほどあります。一軒は四条烏丸近くにある『和食晴ル』。もう一軒は京都駅八条口のすぐ傍にある『燕 en』です。どちらも程よい価格ながら、アラカルトで美味しい料理とお酒が愉しめます。とりわけ後者の『燕 en』などは、今も月に一度のペースで通うほどのお気に入り店で、小説のモデルにもしてしまったくらいです。

つまみ食いするように、あちこちのお店を渡り歩くより、限られた数のお店に通い詰めるほうが、僕の性《しょう》には合っているようです。料理はもちろんのこと、料理人さんやスタッフの方との相性も大事ですね。いつ行っても気持ちよく過ごせるので、『燕 en』の月イチ通いは当分続きそうです。

話を戻して、最近できた割烹店ですが、たしかに料理そのものは美味しそうに見えますし、お店も立派です。器も高価なものを使っておられます。ではありますが、僕は足を向ける気にはなりません。

その理由のひとつが値段です。

僕は料理人としての大事な素養として、謙虚な姿勢というものがあると思っています。もちろん料理人に限らず、すべての仕事に言えることですが。

グルメライターさんたちの書き込みを見ると、歳はいくつで、どこのお店で何年修業して、といったことが詳しく書かれています。

三十そこそこで、十年ほど有名割烹で修業したという料理人さんが開いたお店。夜は一万三千円からのおまかせコースのみ。そのこと一事をもってして、その方の姿勢を推し量るのは早計に過ぎるかもしれませんが、これまでの経験からすると、当たらずといえども遠からず、のはずです。

料理に限ったことではありませんが、仕事における積み重ねというものはとてもたいせつです。長ければいいというものでもありませんが、やはり長い経験を積んだ人と、まだ浅い経験しかない人とでは、作るものの深みが違います。違って当たり前なんです。

自分としてはこれくらいの価格にしたいけれど、まだ経験は浅いので五千円からスタートしよう。おまかせしてもらえるほどの技量もないので、アラカルトで始めよう。そうやってお客さんにきたえてもらおう。

残念ながら、最近の京都で新しく割烹店を開く料理人さんに、そんな謙虚な人はまったくいないようです。なぜそこまで、と思うほどに自信満々で開店されます。それが料理にも、お顔にも表れているのです。

器と盛付け

経験の浅さというのは、必ずどこかに表れるものですが、料理の場合は盛付けです。器遣いといってもいいでしょう。

盛付けにはまずルールがあります。まずはそのルールさえ守れていないのですから、何をかいわんやです。おそらくはお皿に描かれた紋様も理解できていないのでしょう。江戸期の伊万里焼のお皿を使ったのはいいのですが、夏の盛りの焼鱧を盛ったお皿には雪輪《ゆきわ》紋様が描かれています。季節外れもいいところです。

日本料理店において、何よりたいせつにしなければいけないのは季節感です。庭もなく、床の間も持たない割烹においては、お膳の上だけで季節を表さなければならないのです。その意味でも器は極めて大事な要素です。どんなにいい料理だったとしても、季節外れの器を使ったのではすべてが台無しです。

もっとも、それに気付かないお客さんばかりなら、この店の評価は下がることもないでしょう。雪輪紋様は花に見えなくもないですから。

なぜ新進割烹の評価が中身以上に高いかといえば、こういうことがあるからです。店のご主人と同じく、お客さんのほうも経験が浅いので、器にまで気が回らないのです。厳しい言い方をすれば、店も客も未熟だからこその、新進割烹人気なのです。

プロのグルメジャーナリストを自称する方々も、グルメブロガーと呼ばれる人たちも、料理の内容には精通しておられても、器や日本古来の紋様、美術工芸にはさほど関心を持っておられないようです。フレンチやイタリアン、うどんやラーメンなら、それでも通用するでしょうが、残念ながら日本料理や和菓子の世界は、その素養をお持ちでなければ、うわべしか論じることができません。

日本料理における器遣いは、他国の料理とはまったく様相が異なります。唯一無二といってもいいでしょう。形も様々なら、陶器、磁器、漆器、ガラス、金属、和紙など素材も多岐にわたります。そしてそれぞれ、長い歴史に培われた技を駆使する職人さんがいて、常に高みを目指し続けているのです。

どの料理にどんな器が似合うか。それは料理人さんがご自分で体得していくしかないのです。古陶磁や古漆器を書籍で勉強するだけでは使いこなすことはできません。そこに描かれた紋様や色合いはもちろん、手ざわり、口当たりといった風合いにまで心を砕かないと、料理と器の相性は分からないのです。それには一にも二にも経験です。ときには失敗もしながら、器遣いの妙を探ってゆく。そのプロセスを経ずして、やれ永楽だ、琳派《りんぱ》だ、魯山人だといっても、何ほどの感動もお客さんに与えることはできないでしょう。

一見同じように見えても、熟達の料理人の盛付けと、経験の浅い料理人のそれとでは、明らかな差異があります。その差が生まれるのは経験の違いです。或いは知識です。更にはそれらによって育てられたセンスです。

知識は重ねてゆけば豊かになりますが、センスは磨かねばなりません。ただ漫然と盛付けていただけでは、一向に進化しません。

プロの料理人さんもですが、その料理を論ずる立場のライターさんや、アマチュアのブロガーさんも、食材や調理法の知識ばかりを集めるのではなく、器のことや日本の伝統文化のことも、ちゃんと学んでいただき、センスも磨いてほしいものです。

食の資格と検定ビジネス

食の知識といえば、資格ビジネスが年々盛んになりますね。有名無名織り交ぜて、たくさんの食の資格があるようです。

フードアナリスト、食育アドバイザー、フードコーディネーターなどなど。何がどう違うのかよく分かりませんが、そういう資格を持っておられる方にしばしばお会いします。名刺に書いてあるのですから、きっとご自慢なのでしょう。

たとえば日本フードアナリスト協会というところのホームページを拝見すると、検定試験は四級から一級まであって、日本全国で一万二千人以上も、有資格者がおられるようです。

登録入会金はもちろんですが、年会費も必要とあり、更には検定試験料もその都度必要になりますから、そこそこの出費は覚悟しなければいけませんね。

こうして得た資格をビジネスに生かしている方もおられるでしょうが、自慢のタネになっている方も少なくないようです。少なくとも僕が名刺を交換させていただいた方の大半はそうでした。中にはいろんな検定を受けて、それらをずらりと列記されている方もいらっしゃいました。検定を受けることそのものが趣味になっているのでしょうね。

京都にはかの有名な京都検定（京都・観光文化検定）というものがあり、受検される方はとても多いようです。毎回、検定が行われる度に地元の新聞紙上で、問題と模範解答が掲載されるのですが、平易な設問から、超が付くような難問までが並んでいます。

まったく受ける気はありませんが、もしも僕がこの京都検定を受検したなら、せいぜいが三級止まりでしょうか。一級など受かる気がしません。それほどの難問だらけです。

ただ設問を見ていると、だからどうした、という問題ばかりが目に付きます。そんな知識を持っていたからといって、京都のことをよく知る、ということには繋がらない。そう思います。ここで詳しくは書きませんが、事の本質と検定の設問とは、まったくの別ものなのです。

いったい資格とは何なのでしょう。

たとえば弁護士という職業に就くためには、資格が必要ですね。司法試験や公認会計士試験など、国が定めた基準をクリアしないと、資格を得ることができませんし、ひいてはその職業に就くこともできません。医者も同じです。僕も歯科医になろうとして、それには歯科医師国家試験に受からなければなりませんでした。つまり歯科医になるための資格ですね。

そういう資格とは別に、最近では独自の基準を定めて、検定を行い、それに合格すれば独自に定めた資格を与えるというものがあります。食やお酒にまつわる資格もたくさんあるようです。その資格がなければプロとして立ち行かないというわけではありませんが、箔が付くというか、ほかとの差別化がはかれるのでしょう。

しかしここでもまた、何やらビジネスとしての匂いがぷんぷん漂うような資格検定が目に付きます。食にまつわる資格検定は玉石混淆の世界なのです。その中で、石と玉を見分けるのは、そう難しいことではありません。抽象的な言い方で申し訳ないのですが、心の有る無しを見れば、その資格が玉なのか石なのかが容易に見抜けるはずです。

話を食に戻します。

食べる、ということは生物の本能に基づく行為です。睡眠欲、性欲と並んで、生物が生命を維持し、種を保存していく上で必要不可欠なものです。つまりはどんな生物であっても、形は違っても食べる能力はあるわけです。

そこで人類です。人類も生物の一種ですが、ほかの生き物とは少しばかり違います。食べるために道具を生み出したことも、調理して食べるという方法を編み出したことも、人間ならではのことですね。

人類の進化とともに、食べるという行為も進化してきました。様々な食器や調理器具、保存方法などなど。常に進化してきたとともに、作法というものも生まれました。西洋式にいうならテーブルマナーですね。日本でも当然ながら、食の作法があります。

「左上右下」を無視する京都の人たち

食に限ったことではなく、日本には古くから〈左上右下〉という考え方があります。左上位とも言い換えることができますが、決してこれは階級や差別といったことではなく、敬うべきは敬うという原則から生じたものです。

たとえば結婚披露宴を行おうとすると、そこには席次というものが必ずついて回ります。

ざっくり言えば、来賓の席が最も上席で、身内が一番下の席ですね。そしてそのあいだの席も、両家のバランスや年齢など様々な条件を勘案して、席が決まります。礼を重んじる日本においては、とてもたいせつなことです。

或いは会社の行事に伴う宴席があったとしましょう。そのときも席次はたいせつですね。どこが上座にあたるのか、お店の人と相談しながら幹事さんが決めていきます。それが間違っていると大変なことになります。

そんなときに覚えておくと便利なのが〈左上右下〉という日本のルールです。

古より日本では左を上位としてきました。それにはちゃんとした理由があるのですが、本書はマナーブックではありませんので、その詳細は省き、食の場面での話をします。

日本は瑞穂《みずほ》の国と呼ばれるように、お米を食の中心としてきました。稲作なくして日本の食はあり得なかったのです。したがって、あらゆる食の中で、お米は最上位に置くべきもの、という考え方があり、それゆえご飯は左に置かねばならないのです。左利きだとか食べやすさだとかは、まったく無関係にです。着物の袷《あわせ》も同じですね。必ず左側が上に来なければいけません。これはマナーではなくルールです。

先に書いたインスタ映えとも関連するのですが、とかく写真に撮ったときの見栄えだけに目が行くようで、正しい配置になっていないことが多くなってきました。

ご飯が左。汁椀が右。こんな単純かつ、基礎中の基礎を守れない人たちが急増しています。ご飯を右に置き、左におかずや汁椀を置いて写真を撮る。あってはならないことが当たり前のように起こっています。

日本の根本を理解できていないブロガーさんなら、仕方ないものとあきらめもつくのですが、最近では公に近い立場の人や料理人さんまでもが掟破りの配置を平気で行うようになりました。

京都市の協力を得て、著名な寺社や観光スポットが季節に応じて、特別公開を行うことが年中行事になってきました。

二〇一八年は大政奉還から百五十年という節目にあたることから、二条城に注目が集まり、二条城の二の丸御殿大広間の障子が特別開放されています。それに合わせて、いつもは非公開とされている清流園の香雲亭で、数量限定の昼食を提供しているのです。

その料理を出しているのは、円山公園にあって、老舗と呼べるほどの歴史は持たないものの、京料理を標榜している和食店なのですが、そのイメージ写真では、驚くことにご飯が右に置かれているのです。

その写真は地下鉄の車内に掲示されたポスターにも、堂々と掲載されています。外国人観光客や地元の京都人など、多くの目に触れる京都市のポスターで、こんな誤りがまかり通っていることに、驚くとともに哀しくなります。

いつも和服をお召しになっている市長さんの目に、この写真はどう映っているのでしょう。着物の袷と同じ決まりがあることをご存じないはずはないと思うのですが。

〈二の丸御膳〉と名付けられた料理は、観光客に大人気なのだそうで、一日四十八人限定ながら連日予約で満席だということです。

困ったことです。日本料理の伝統を守るべき料理屋さんが、あろうことかご飯の位置を逆にして出し、それを日本中、いや世界中から訪れる観光客に見せ続けてしまったのです。京料理といっても、この程度のものですよ。そう世界中に宣言してしまったのです。

この誤りを糺《ただ》す媒体がひとつとしてなかったことも恥ずべきことです。当のお店のホームページでも、この配置の写真を掲載していましたし、京都の情報を常に発信し続けている女性誌のウェブサイトも、この醜悪なお膳の写真を拡散し続けたのです。

この並びで料理を作った方。写真を撮った方。ポスターを作った方。皆さんスルーされてしまったのですから、ご飯は左に置く、というルールは古都京都においても守られなくなったということは、とても残念でなりません。

日本料理において、しきたりは最も大切にしなければならないものです。そのイロハのイともいうべき、ご飯を左に置く、ということすら守れないのなら、京料理という看板は外していただきたいと思います。

日本でご飯を右に置くのは仏前や神前です。それは着物の袷と同じです。死装束《しにしょうぞく》のごとくに配置された料理を、平気で客に提供する店があり、それを公的機関がバックアップする。こんな恥ずかしいことが平気で行われているのが、今の京都の姿なのです。食の資格や検定試験を行うなら、まずはこういう基礎知識から始めてほしいものです。

恵方巻狂騒曲とハロウィン騒ぎ

毎年のことですが、年々盛んになっていくような気がします、恵方巻もハロウィンも。僕が子どものころですから、半世紀以上も前には、どちらもほとんど知られていませんでした。

それが今はどうでしょう。一月も半ばになればコンビニもデパ地下も恵方巻一色に染まります。十月の声を聞けば、ハロウィン大合唱が始まります。

ではそれが、どんな日本の伝統行事と結び付いているかといえば、どちらもなにも繋がりません。恵方巻はいちおう節分の行事だとされているようですが、それはあくまで商業的なこじつけであって、本来の節分とはなんら関係がありません。ハロウィンしかりです。西洋においてはそれなりの歴史がある行事だそうですが、日本人にとっては縁の薄いものです。

では、なぜそんな行事がこれほど日本中に浸透したのでしょうか。それがビジネスと結び付いたのは疑う余地もありませんが、実はそこで大きな役割を果たしたのがコンビニなのです。今や生活に欠かすことのできないコンビニが、日本の伝統行事やしきたりを変えようとしているのです。

恵方巻がこれほど急激に浸透したのは、お正月商戦がひと段落して、バレンタインデーまでのあいだが、超と呼ばれるほどの閑散期だったからです。二月は逃げる、とも言われるように商売人にとっては鬼門といってもいいような時季です。

こんなときに救世主のようにして生み出されたのが恵方巻です。

節分には恵方巻。今や季節の風物詩として報道されるようになりました。ときにはその発祥が京都であるかのように言われますが、とんでもないことです。

京都で節分の食といえば鰯《いわし》の塩焼きです。あとは豆です。恵方巻は、豆まきをしたあと、夕食に食べた鰯の頭と骨を柊《ひいらぎ》の枝に刺し、災厄除けとして玄関に飾る。

もちろん節分詣でも欠かせません。吉田神社、壬生《みぶ》寺、清荒神《きよしこうじん》などなど、古いお札を納めに行き、節分行事を愉しみます。追儺《ついな》式などは子どもも心にも毎年愉しみにしていました。

節分詣でのもうひとつの愉しみは年越し蕎麦です。節分の翌日は立春。旧暦では晦日《みそか》に当たりますから、節分の夜に年越し蕎麦というのは当然のことなのです。

子どものころはもちろん、京都ではつい最近まで、節分に恵方巻などというものは影も形もありませんでした。それが今はどうでしょう。まるで古くからの日本の風習でもあるかのように喧伝され、日本全国津々浦々にまで行き渡りました。

コンビニやデパ地下だけではありません。お寿司屋さんだけでもありません。和食のお店はもちろん、パン屋さんでも、洋菓子屋さんでも、なんでもかんでも丸かぶりスタイルの食品を作って、恵方巻と称して売り出すと飛ぶように売れていくそうです。

恵方巻というネーミングは、その年の恵方を向いて、無言で丸かぶりすると幸運が舞い込むというこじつけからです。

何ほどの根拠もないことを、日本中の善男善女が一斉に行うという滑稽《こっけい》極まりない話なのですが。

先般の新聞報道に、興味深い調査結果が出ていました。

七草粥など食べたこともなく、豆まきもしたことがない子どもでも、恵方巻は食べたことがあると答えたというのです。

日本の風習は、ビジネスによって作られることを実感しました。

僕は長きにわたって、ことあるごとに恵方巻の愚を説いてきましたが、まったく効果がありません。下火になるどころか、年々ヒートアップしてゆきます。

――だって、恵方巻って昔から京都に伝わっている風習なのでしょ？　――

僕が恵方巻に異を唱える文章を書いたら、とある編集者さんからそう言われました。

とんでもありません。先にも書きましたが、巻き寿司を丸かぶりするような風習は京都にはありません。

聞けば発祥は大阪の花街のようです。

ここで書くのもはばかられるような、下品なことですが、なにわの旦那衆が芸妓に太巻き寿司を丸かぶりさせて、その様子をニヤつきながら見ていたという、セクハラまがいの遊びから始まったというのが通説です。

恵方を向いて、だの、終始無言で、だのはビジネス上の後付けでしょう。海苔屋さんの組合と大手コンビニが始めたといわれる、ただのビジネスイベントであって、古くから伝わる歳事でもなんでもありません。

そんな起源を知るはずもなく、家族揃って嬉々としてかぶりつく写真を見るにつけ、平和な日本を喜ぶべきなのか、と複雑な気持ちになります。アヤシゲな新興宗教の奇天烈《きてれつ》な行事とさほど変わりないことに誰も気付かないことは、少し大げさに言えば、日本の将来を危うくしているように思えてなりません。

その起源もさることながら、恵方巻にはもうひとつ大きな疑問があります。

かつてのクリスマスケーキがそうだったように、大量に生産して、大量販売を目論《もくろ》んだ結果、売れ残りの大量廃棄という結果を生みます。店によっては、店頭に並ぶことすらなく焼却されてしまうそうですから、なんとも罰当たりな恵方巻です。

いっぽうのハロウィンは、恵方巻に比べればかわいいものかもしれません。ましてや洋の東西は違えど、恵方巻とは違って、ちゃんとした根拠がある伝統行事ですから。

ただ、どうせその行事を祝うならば、起源や由来、そしてその意味を知った上でのことにしてほしいのです。

――なんや知らんけど、おばけの格好してたら、お菓子とかくれはるねん――

手作りのトンガリ帽を頭にかぶって、杖代わりの傘を持った近所の子どもの言葉です。

本来は教えるべき側の親御さんも、おそらく詳しくはご存じないのでしょう。テレビの街頭インタビューを受けている中には、カボチャ祭だとおっしゃる方もおられました。

ハロウィンは本来、秋の収穫をお祝いし、邪鬼や悪霊などを追い払うという意味を持つ、宗教的な行事だったといいます。しかしながら今のアメリカでは、本来の宗教的な意味合いが失われてしまい、ただのお祭り騒ぎになってしまっているのだそうです。その、ただのお祭り騒ぎという部分だけを真似て始まったのが、日本のハロウィンですから、ほとんどの日本人が起源を知らなくても当然のことなのかもしれません。

恵方巻とハロウィン。このふたつに共通するのは、どちらもその起源や由来、意味合いについて深く知らないままで、その行事を行っているということです。そして、なぜ両者がこれほど盛んになってきたかと言えば、商魂たくましいビジネスと、それを躍起になって喧伝するメディアのせいであることは疑う余地もありません。

それでもかまわない、愉しく騒げればそれでいいとおっしゃるなら、どうぞいつまでもお続けください。そう申し上げておきましょう。

しかしながら、先にも述べたように、本来、節分の日は年が変わる前日、つまり大晦日としての役割があり、それゆえ年越し蕎麦を食べたり、来たる年までに鬼を追い払っておくために豆をまき、鬼がその匂いを嫌がる鰯の塩焼を食べ、鬼の目を射抜くと言われる柊の枝に、食べたあとの鰯の頭と骨を刺して玄関に飾ったりするのです。

そしてそれらの行事を通じて、家族が和気あいあいとした時間を過ごし、一丸となって家を守り抜くという心を確かめ合うのです。同じ家族であるのに、別々の巻き寿司を無言で食べて、しあわせが訪れるはずなどありません。

ハロウィンしかりです。

古くは新嘗祭《にいなめさい》と呼ばれ、今は勤労感謝の日として、その年の収穫を感謝し、祝いあう行事が日本にはありません。ハロウィンの起源とまったく同じ意味合いですが、一般ではこの日、何ほどの行事も行われませんし、メディアもそれにまつわる話などはほとんど報道しません。なぜなら誰も儲からないからです。

そうです。今の日本では文化より経済が優先されるのです。それはそのまま、食の世界にも投影されています。だから、こんないびつな食が生まれてきたのです。

高齢化社会はますますその傾向を強くします。

汗水流してお金を稼ぐのではなく、お金にお金を稼がせるという話が巷《ちまた》にあふれています。仮想通貨騒動もつまりは、楽をしてお金を増やしたいという気持ちから生まれたものでしょうし、書店の店頭にずらりと並ぶお金の活用のノウハウを書いた本も、資産運用という美辞麗句をまとっているものの、つまりは自分で働かず、お金に働いてもらってお金を増やそうということなのでしょう。

生きてゆくためには必要なことなのかもしれませんが、経済効果を少し横に置いて、文化効果を優先させれば、世の中はもっと豊かになると思うのですが。

第4章　どこかおかしい、グルメバブル

食育と服育

少子高齢化と言われだしてから長い時間が経ちます。たしかに年々子どもの数が減り、高齢者だけが増えてきているのを実感します。うちの近くに大きなショッピングモールがあるのですが、お休みの日でもお年寄りの姿は目立つものの、子どもの姿はまばらです。

本職である歯科医という仕事で、四十年近くものあいだ、母校でもある近所の小学校の学校歯科医を務めさせていただいているのですが、以前と比べると生徒さんの数が激減しています。

四十年ほど前は、一学年に百二十人ほどの生徒さんがおられたのですが、今では三十数人といったところです。つまりは四十年間で三分の一以下になってしまったのですから、改めて驚きます。

子どもは国の宝と言いますから、日本はどんどん宝を失っていることになります。数が減るのなら、質を高めなければ。そんな意図からでしょうか、子どもを育てるための様々なプログラムが組まれています。最近よく耳にする、食育というのもそのひとつです。

京都でも、食育のイベントが行われたというテレビニュースや新聞記事を、よく目にします。その効果が目に見えるのはまだまだ先のことですから、何をどうとは言えないのですが、それらのプログラムの多くを担っているのは、例によって、京都を代表するプロの料理人さんだということが少しばかり気になります。

日本料理のプロという観点から、お出汁のたいせつさを訴え、実演と試食を通して実感させるというのは、もちろん悪いことではありません。ただ、それと並行して食の作法なども教えてほしいと思うのです。

一流の料理人が作る一流の味を、子どものころに味わうということにも、何かしらの意義はあるのだろうと思いますが、それよりも優先すべきことがあるのではないでしょうか。食べることの意味や、食べるときの心得、食の根本を教えてから味云々を学ばせても遅くないと思うのですが。

少し前の話題になりますが、東京は銀座の公立小学校の標準服に、校長先生が海外の有名ブランドの高価なものを選んだという話がありました。

高価すぎるのではないかという議論が交わされるようになると、抗議を受けた校長先生は、服育の一環だと説明したそうです。

食育という言葉はよく聞かれるようになりましたが、服育という言葉はこのときはじめて聞いたように思います。

食べることを通じて、人を育てるのが食育なら、服を着ることを通じて人を育てるのが服育だということなのでしょう。

この話を聞いて、すぐに頭に浮かんだのが食育です。発想がよく似ているのです。服育と称して海外の一流ブランドの服を着せる。食育と言って、一流料理人が作った料理を食べさせる。

子どものころから一流のものに接することは、決して悪いことではありません。しかしながらそれは、それぞれの家庭、親御さんの判断においてなされるべきだと思うのです。公の場でみんなに体験させるというのは、少し違うのではないかと思います。

服育というなら、何も一流ブランドのものでなくてもいいので、着こなしかたを教えるべきでしょう。

京都でも制服を着る小学生が少なくなく、地下鉄などでもよく見かけるのですが、ちゃんと着こなしている子どもは少ないように見えます。中学生や高校生になるとジャケットにネクタイという装いですが、きちんとネクタイを結べている生徒はほとんどいません。それがまるで紐であるかのように、だらしなく結んでいるのを見ると情けなくなります。なんのためにネクタイを結んでいるのか。

何を着るか、より先に、どう着るかを教えるのが服育だと思います。

それと同じように、食育にとって最もたいせつなのは、何を食べるか、ではなく、どう食べるか、です。感謝の念を持って食べることや、人前でも恥ずかしくないような食の作法を身につけることです。一流の味と接するのはそのあとでいいのです。

教育にとって何よりも大事なのは順序です。基礎的なことを学んでからでないと、一流の本当のよさは分かりません。一流ブランド、一流料理人の前に、まずは食に対する感謝や、家庭のぬくもりのたいせつさを教えて欲しいと切に願っています。

京都の食の値段

今から十五年ほども前のことになりますが、京都本の新たな切り口として「京都の値段」という言葉が頭に浮かび、そのままをタイトルにして単行本で出版しました。

京都という雅《みやび》な地を値段で表すのは、いかにも無粋だなぁとも思いましたが、それだけにインパクトがあるだろうと決行しました。予想どおりというか、予想を超えて大いに話題を呼び、即重版が掛かるほどの人気本となりました。

二年ほど前にその改訂版を新書の形で出版したのですが、十年以上もの時間は、当然のことですが、その〈値段〉を大きく変えていました。

それは物価の上昇率にシンクロするという単純な図式ではなく、ある意味で京都の価値と連動するような、極端な上昇率を見せるものもあったことに大いに驚きました。

統計の取り方によって多少の誤差はあるのかもしれませんが、いわゆる消費者物価指数を見てみると、最初に刊行した二〇〇三年を一〇〇とした場合、改訂版を出版した二〇一六年は一〇二になるそうです。つまり、ざっくり言えば、この十三年間に物価は二パーセントしか上がっていないのです。少し多めに見積もったとしても五パーセントですね。

たしかに日々の暮らしの中で実感するのも、こんな感じですね。物価が下がったとは思わないのですが、極端に上がったとも思いません。五パーセント。この数字をよく覚えておいてください。

驚くほど高騰したものもありますが、中には当時とまったく同じ価格のものもあり、その差はどこからくるのか検証してみました。

まずは優等生からご紹介しましょう。『近喜』というお豆腐屋さんの〈ひろうす〉がそれです。〈ひろうす〉とは関東でいうガンモドキのことです。

水分を抜いた豆腐に、すりおろした山芋を混ぜ、油で揚げたものをいいますが、精進料理をはじめとして、いわゆる京のおばんざいにも欠かせない食材です。飛龍頭と書いて〈ひりゅうず〉と呼ぶ店もあります。

これが最初の本では五十円でした。そして十三年経った改訂版では六十円。パーセンテージで言えば二割も上がった、と言えなくもないのですが、わずか十円しか上がっていないとも言えますね。消費増税などをも考慮に入れると、実に良心的だと言わざるを得ません。

〈ひろうす〉の値段はほとんど変わっていないのですが、お店のある錦市場の変貌ぶりは目を覆うばかりです。

かつては素人には近寄りがたい空気すら流れていて、ましてや子どもが歩いていようものなら、邪魔者扱いされたほど、ピリピリした雰囲気のプロ向け市場でした。

それが今はどうでしょう。外国人観光客を中心に、串刺しにしたおかずを食べ歩くことが普通になってしまいました。厳選された食材を買うような空気は皆無で、京都とは縁もゆかりもない食を食べ歩くことが目的の、どこにでもあるマーケットになってしまったのです。

そんなことを知ってか知らずか、雑誌もテレビ番組も、いまだに錦市場のことを〈京の台所〉といって紹介します。しかしその内容はと言えば、先に書いたように食べ歩き推奨です。

みんなが台所で立ち食いするような家が、いったいどこにあるでしょう。作りかけのおかずをつまみ食いしただけでも、母親から強く叱責されたものです。

十五年前には、誇りを持って〈京の台所〉と言えたのですが、今では、アジアの街のどこにでもあるような、ただの食べ歩きストリートでしかありません。

値段を辿っていると、こんな変貌にも行き当たるから面白いものです。

昔から真っ当な商いを続けていた店は、周りがどんなに変わろうと、ちゃんと我が道を行くのですね。

わずかな値上げどころか、値下げしている店があることに驚きました。

北野天満宮。京都の人は親しみを込めて、〈北野の天神さん〉と呼ぶのですが、そのすぐ近くに店を構える『粟餅所　澤屋』の〈粟餅《あわもち》〉は値段が下がっていました。

お客さんの注文が入ってから、粟餅を手でちぎり、形を整えてから餡子やきな粉と合わせます。家族総出でお菓子を作っていて、持ち帰りもできますが、出来立てを茶店の中で食べるのがおすすめです。

素朴な菓子皿に、出来立ての〈粟餅〉が載せられ、お茶とともに出てきます。

十五年前の本では五百十円で紹介していました。それが十三年後の改訂版ではなんと四百五十円。六十円も値下げされていることになります。

但し、量は少しばかり減っています。十五年前は三個付けだった餡子餅が二個になり、きな粉餅も少し小さくなったようです。

しかしながらそれは、原価を抑えるためではなく、客のニーズに合わせた結果だったといいます。

観光の途中に茶店でいっぷく。

お昼を食べたばかりなので、お腹は減っていません。でも少しばかり甘いものを食べたい。

そう思って立ち寄った店で食べるには、以前の量は多すぎたのかもしれません。

思いだせばたしかにそうでした。僕はいつも餡子餅を一個残して、包んでもらって持ち帰っていましたが、わざわざそれを包装してもらうのは、なんとも申し訳ない気持ちになったものです。

きっと同じようなお客さんが多くいらしたのでしょう。時代に合わせて量を減らし、その代わり値段も下げたのです。以前のままの価格だったとしても、誰も文句は言わないでしょうし、お客さんの数が減ることなどなかったはずです。


これが正しい京都のお店の有り様なんです。長く続くお店に共通している、誠実な商いというものです。

昔ながらの佇まいだけでなく、菓子そのものも、商いの精神も変わることなく営む。京都のお店の鑑《かがみ》だといってもいいでしょう。

『澤屋』と同じく、長く営む店はたいていが、値段を極端に上げないのです。たとえば茶懐石の出張料理で知られる『辻留《つじとめ》』のお弁当もそのひとつです。

一か所だけ隅を斜めに切った、独特の形状をした白木のお弁当箱も、中に詰め合わせる料理も、そして値段までもが長い時を経ても変わっていません。これはとても貴重なことなのです。

十五年前にはいくらか割高に感じることもなくはなかったのですが、それでも食べれば必ず納得しました。その価値は十二分にあると。

それが今となってはむしろ割安に感じてしまいます。コースで食べれば一万五千円はゆうに超えるだろうと思えるほど、料理のエッセンスがぎっしりと詰まったお弁当が五千円で買えるのです。

ここもまた、その誠実な商いを映すかのように、店の佇まいは古色蒼然としています。裏千家御用達の出張料理と仕出しをもっぱらにして、店には客席もありません。昔ながらの土間で料理が作られます。きっとこのあたりが値上げをせずに済む秘訣なのだと思います。

と、ここまでは変わらぬ京都の〈食の値段〉を書いてきましたが、残念なことに、十五年前とは比べることもできないほど高騰しているお店のジャンルがあるのです。そしてそれはどうやら人気にスライドしているようです。

京都の割烹の値段

京都の料理界。とりわけ和食というジャンルは、十五年前と大きく様変わりしました。

まずは店の数です。

少し振り返ると、十五年前には、観光客でも入れる割烹店など、数えるほどしかなかったと思います。もちろん板前割烹と呼ばれる店は、当時も数多く存在しましたが、それらのほとんどは京都人御用達で、それも常連客に向けての店が大勢を占めていたように記憶しています。予約さえすれば、誰でも食べに行ける割烹屋さんが、ぽちぽちとでき始めたのが、『京都の値段』を出版したころです。

銀座のお鮨屋さんと同じく、一見客が暖簾をくぐるには、ある種の勇気が必要で、多くは紹介者を頼って、或いは伴ってもらって店を訪れる。それがかつての京都の板前割烹でした。

それが今はどうでしょう。雨後の筍と言っては失礼かもしれませんが、祇園町を歩けば、そこかしこに割烹の暖簾が上がっています。祇園だけではありません。洛中の至るところに、瀟洒《しょうしゃ》な割烹が点在し、その数たるや、十五年前の何倍、いや何十倍にも及ぶだろうと思うほどの急増ぶりです。

驚くのは、それらの割烹店がどこも繁盛していて、常に予約で満席だということです。三か月先、半年先まで予約で満杯という割烹店は、いくらでもあります。当日の予約がすぐに取れる店のほうがはるかに少ないのが、今の京都の割烹店です。

普通は、こうして店の数が増えれば、客の奪い合いになるものですが、まったくその逆の状態になっているのも不思議といえば不思議な話です。

さて本題に入りましょう。京都の割烹屋さんの値段はどう変遷したか。

当時は今ほどの過熱人気ではありませんでしたが、とある料理雑誌で一年半にわたって、密着取材し、巻頭グラビアで連載したのは、銀閣寺の参道に暖簾を上げる『草喰《そうじき》なかひがし』という店です。その連載が火を点けたのでしょう。今では京都でも一、二を争う人気割烹になりました。

十五年前、このお店のお昼は四千円でした。それが今は六千円です。もちろんこれは安いほうのコースです。高いほうは八千円です。

これを、わずか二千円の値上げ、と見るか、五十パーセントアップと見るか、意見の分かれるところでしょうね。

もう一軒。『草喰なかひがし』と負けず劣らずの人気を誇り、予約の取り辛さは京都一とも言われる『祇園さゝ木』の場合。

十五年前に紹介した際の夕食は一万三千円でした。それが今は二万四千円以上となっています。こちらは百パーセント近い値上げ率になります。それでも満席が続くのですから、それだけの価値を認められているに違いありません。

何しろ最近では、若手の料理人さんが新しく開く割烹店でさえ、昼は一万円を下ることは少ないようですし、夜ともなれば二万円は当たり前のようになりつつあります。


それでは、ほかの京都の食をもう少し比較検討してみることにしましょう。

昨今の京都は、時ならぬうどんブームで、近年岡崎に店を開いたうどん屋さんは、開店から閉店まで、長い行列が絶えないことで知られていますが、祇園切通しに、古くから店を構える、花街御用達の『おかる』もその人気が衰えることはありません。

十五年前、この店で紹介したのは〈たぬきうどん〉でした。京都における〈たぬき〉は東京や大阪のそれと違って、〈きつね〉の餡かけバージョンをいいます。刻み揚げと青ネギを載せたうどんに、とろりとした餡を掛けます。京都人の好物なのですが、当時の値段は七百七十円でした。そして今もまったく同じ七百七十円なのです。『辻留』の〈花見弁当〉と同じく、十五年の時を経ても同じ価格なのに驚くばかりです。

では、近ごろ人気の高い精進料理はどうでしょう。

十五年前に紹介したのは世界文化遺産にも登録されている名刹《めいさつ》、天龍寺の境内で暖簾を上げる『篩月《しげつ》』です。

ここでは予約不要で食べられる一汁五菜の〈雪〉コースを紹介しました。当時は三千円でした。そして今はといえば、こちらも変動なしの三千円です。

もうひとつ検証してみましょうか。

今や京都を語る上で欠かすことのできない〈京のぶぶ漬け伝説〉。それを思う存分味わえる『丸太町十二段家』の〈お茶漬け〉は時分どきには行列ができるほどの人気ですが、当時はちょうど千円でした。そして今は千五十円。消費税が上がった分とほぼ同じですね。これも据え置き価格といっていいでしょう。

こうして比較検証してみると、十数年経っても、京都の食の価格はほとんど変わっていないのです。唯一割烹店を除いては、ですが。

では、なぜ割烹店だけが突出して値上げをしているのでしょう。

過熱する京割烹人気

すべて価格は需要と供給の関係で決まります。家を建てたい人がたくさん居れば住宅地の価格が騰《あ》がり、街が寂《さび》れれば商業地価格は下がります。

それと同じく、食の値段も需要が高ければ騰がり、需要が低ければ値上げなどとんでもない。据え置くか、ときには値下げしなければなりません。

京都における〈食の値段〉を十年以上も前のものと比較してきて、ほかの食はさほどでもないのに、割烹料理店の価格が、急激な高騰を続けているのです。なぜなのでしょう。

最近の割烹料理店は、多くがホームページを持っていて、そのトップページで〈価格改定のお知らせ〉なる項目を見かけることがあります。

――今般、急激な食材価格の高騰、人件費の上昇により、やむなく料金を改定させていただくことになりました。食材、人材とも質を落とすことなく店を維持する為の措置として、ご理解賜りますようお願いします――

とある花街の割烹店のホームページにそう記してあり、一万二千円の夕食が一万五千円に改定されたと書いてありました。

最近よく聞く話ですね。

中国をはじめとして、日本食ブームが世界に広がっていて、良質の食材は輸出に流れてしまい、国内での価格が急上昇している。今のままの価格では到底やっていけない。多くの料理人がそう口を揃えます。

しかしながら、先に書きましたように、茶懐石の名店で知られる『辻留』の花見弁当などは十五年前と、まったく同じ価格です。それ以外にもいくつもの和食店では、据え置きか、もしくはわずかな値上げに留まっています。

ということは、割烹料理店が使う食材だけが高騰しているのでしょうか。答えは否だろうと思います。

冒頭で述べた土地価格と同じ理屈なのだろうと思います。ニーズがあるから高騰しているのは間違いないでしょう。

今の京都では〈割烹バブル〉と呼びたくなるような状態が続いています。京都の和食店の中で、割烹店の人気は突出していますから、ひとり勝ちは当分続くことでしょう。となれば、少しくらい値上げをしてもお客さんは減るどころか、増えるいっぽうです。稼げるときに稼ごうと値上げするのもよく分かります。

では、なぜそれほど京都の割烹店は人気が出てきたのでしょうか。それにはいくつもの複合的な理由があります。

その第一は〈自慢のタネ〉になるからです。

まず京都という土地。ここに憧れを抱く人は少なくありません。日本文化の中心地であり、世界中から羨望《せんぼう》の眼差しで見つめられる京都といっても過言ではありません。

それは今に始まったことではないのです。千年以上も前から、京都は多くが憧れる地でした。その象徴とも言えるのが天下人たちです。信長も、秀吉も、家康も、みんな京都を手中におさめようとして戦ってきました。

京都を我がものとすることは、すなわち国を掌中《しょうちゅう》のものとしたと同じ。成功者の証しとされてきたのです。それは今も続いています。

世界の頂点に立つような大富豪も、ショービジネスの世界で成功をおさめ、引退後の余生を過ごす人も、京都に居を築こうとします。最近の京都で目立って増えてきた億ションも、購入者のほとんどすべてはそういった人たちだそうです。

欲しいものはすべて手に入れた。あとは京都の住まいだけ。インタビューに答えて、そうおっしゃっていたのはＩＴ長者さんでした。

憧れの地である、その京都で最も注目を浴びているのが和食なのです。そしてそれを食べることはＳＮＳなどを通じて、人に自慢できるアイテムになっているのです。

その第二は、今の割烹は容易《たやす》いことです。

料亭となるとハードルが高いですね。立ち居振る舞いやマナーにも気を配らねばなりません。そして昔ながらの割烹店だと〈おまかせ〉というコースはなく、品書きを見ながら自分で料理を選ばなければいけません。これにはある程度の経験と知識が必要となります。最初に何を頼むか、〆はどうするか、どのタイミングで、どの順番で注文すればいいか、などを心得ていなければなりません。

そこへいくと、今の〈おまかせ割烹〉は知識も経験も不要ですから楽なものです。ただ席に着くだけでいいのです。順番に出される料理の写真を撮り、美味しい！　を連発すればいいのですから。

第三は、狭き門だからです。

予約が取り辛ければ、取り辛いほど人気を集めるのが、今のおまかせ割烹の最大の特徴です。料理が美味しかろうが、そうでなかろうが、といってはお店のご主人に叱られるでしょうが、狭き門をくぐり抜けて、店に入れただけでも自慢のタネになるのが、今の京都の人気割烹です。

こうした三つの理由から、京都のおまかせ割烹は自慢のタネの宝庫となったのです。人気が集中するのも当然ですし、プラチナシートと化した席料が高騰するのも当たり前と言えば当たり前のことなのでしょう。

すべて価格は需要と供給の関係で決まる。冒頭にそう書きましたが、誤解されると困るので、言葉を足しておきます。需要の多寡と、そのものの質とはまったく連関しません。

上質のものでも需要が少なく、粗悪なものであっても需要が多いことなど、世の中にはいくらでもあるのです。

今のおまかせ割烹のすべてが低質だとまでは言いませんが、人気に質が追いついていない店は少なくありません。そのわけを少し探ってみましょう。

カリスマ料理人の称賛慣れ

ことは料理人に限ったことではありません。人は甘やかされれば、甘やかされるほど思い上がり、精進を怠るようになり、更には傲慢になります。これは人間の性といってもいいでしょう。誰もが一度は通る道、と言えば言葉が過ぎるかもしれませんが。

アスリートたちがその典型ですね。スポーツの世界で輝かしい成績を残したアスリートたちの多くは、後進の指導に当たったり、斯界の発展に寄与したりするのですが、そのうちの何人かは、薬物におぼれたり、暴力事件を起こしたりして、ニュースになることがあります。たいていは記者会見などで、人気におぼれた、とか、おだてられていい気になっていた、などと反省の弁を口にします。

子どもの育て方で、〈ほめて育てる〉という方法があると聞いたことがありますが、それとはまったく次元が違う話ですね。

無理もない、と言えばそのとおりでしょう。アスリートたちは子どものころから、ある種のプロフェッショナルとして育てられ、どこか浮世離れした中で大きくなってゆくのです。そして順調に成長し、斯界で第一人者として認められるに至って、早々に人生の目的を果たしてしまったかのような錯覚に陥るのも、無理からぬことかもしれません。

それと比較するのもいかがなものかと思わないでもありませんが、若くして修業生活に入った料理人さんとアスリートのあいだには共通点も少なくないように見えます。その最たるものが〈称賛慣れ〉です。

好成績をおさめたアスリートたちと同じように、料理人さんたちは、称賛の嵐を浴びることがしばしばあります。プロのライターさんから、素人のブロガーさんまで、ほめ殺しかと思うほど、近ごろは料理人をほめたたえる傾向にあるのです。

料理に対する真摯な姿勢、料理を作るときの真剣な表情、そして出来上がった完璧な料理。どうやら、非の打ちどころのない料理人が日本中にあふれているようです。

そんなにすごいのなら、一度行ってみようという食通を自任するお客さんが店を訪ねます。何がどうすごいのか、よく分からないまま料理を食べ終えて、さてSNSに投稿するにあたって、思ったままを書くわけにはいきません。食通を自任している以上、〈すごさを理解できない客〉と思われたくないからです。

ライターさんが書いていたとおりに、写真とともに、絶賛するコメントを綴ります。と、それを読んだ友人がうらやましがります。こうして、その輪はあっという間に広がり、いつの間にか凄腕の料理人という評価が定着してしまいます。

多くから称賛されれば、誰でも嬉しいものです。自信も持てるようになります。放っておいても、お客さんは次から次へとやってきて、そのほとんどすべての客が絶賛するのですから、自信満々になるな、というほうが無理というものです。

ここまではいいのです。自信を持って作られた料理は、きっと美味しいはずです。が、いつしか自信は過信に、更には傲慢へと繋がってゆくのが世の常です。

かくして、あっという間にカリスマ料理人が出来上がります。

メディアというのは軽さが身上ですから、新生カリスマ料理人を放っておくわけがありません。よそより先に、と何ひとつ検証しないまま、今話題のカリスマ料理人として紹介することになります。ひとつの雑誌、ひとつの局がやれば、必ず後追いするのも、今のメディアの悪しき特徴です。

いっぽうでそれを見た一般消費者は、これほど多くのメディアで紹介されるのだから、よほどすごい料理を作るのだろうと確信します。

こうして生まれた予約の取れない店のカリスマシェフ。料理人としての地位は獲得した、名声は得たと思い込んでしまいます。

次に狙うのは文化人としての地位。タレント性と言い換えてもいいでしょう。

その第一歩となるのがイベント出演です。近年は地方自治体からメディア、イベント会社までが手を携えて、ひんぱんに食イベントを開催します。かんたんに集客できて、確実に利益が計上できるからでしょう。京都などでは、毎週のように、どこかしらで食のイベントが開催されています。ときには海外にまで出かけていって、開催されているようです。

これらのイベントでスターシェフとして登場する料理人は、たいてい同じ顔触れです。ご自分の店で料理されるより、イベントで料理を作ることのほうが多いのでは、と思ってしまうほどです。

わざわざお店に行って、その料理人の方のお作りになる料理を愉しみにされていたお客さんは、きっとがっかりされていることでしょうね。

先にも述べたように、最近では異業種のシェフのコラボレーションという企画も流行しているようで、カリスマシェフと呼ばれる方たちには、晴れの舞台に映っていることと思います。

年に一度くらいのことなら、それもいいのですが、ひんぱんにこうしたイベントに出向かれるのは本末転倒ではないでしょうか。

原点に立ち返って、ご自分のお店でふつうにお料理をお作りになるべきだと思うのですが、ひと度脚光を浴びてしまうと、なかなか地味な仕事に戻れないようです。

料理人のなすべき仕事は何か。今一度考え直すべき時期にきているように思えてなりません。

おかしな「口コミ」

最近では、グルメという言葉とセットになって使われているのが〈口コミ〉です。

元々は、ジャーナリストの大宅《おおや》壮一氏の造語で、口頭でのコミュニケーションを意味したものです。〈マスコミ〉の対極にあるものとして、造られた言葉だと聞きました。

表立って報道されるメディア情報の裏側にある、真実の声を拾い上げようとする、ジャーナリストの大家らしい造語ですね。

つまりは、井戸端会議での評判や噂の範囲に留まるものであり、それがひとたびマスメディアに載ってしまえば、口コミではなくなり、〈マスコミ〉になってしまうはずなのですが。

つい先ごろ発売された、女性誌の京都情報ムックには、〈オール口コミ◎◎軒〉というサブタイトルが付いていました。

本のタイトルに〈口コミ〉？　何かの間違いではないか。印刷ミスではないか。我が目を疑った僕は、早速書店で買い求め、中身を見てみました。

目次や内容を読んで、印刷ミスではなく、雑誌を作っている人たちが、大きな勘違いをしているのだと分かりました。

サブタイトルにあるように、このムックは〈口コミ〉と称してお店を紹介する記事で作られています。そしてそれらすべてに、推薦者のコメントが付いていて、つまりはそれを〈口コミ〉と言いたいようなのです。

素人の方がなんとなく空気感でそう呼ぶようなことはあっても、言葉を商売道具として仕事をしているプロまでもが、平気で誤用していることに哀しくなりました。

たとえ誰か編集者のひとりが、タイトルに〈口コミ〉という言葉を付けようとしたとしても、心ある編集者がひとりでもいれば、こんなことにはならなかったでしょう。歴史ある出版社の人気雑誌が、こんな間違いに気付かず、誤った解釈を広げているのです。


何年か前からその下地はありました。

日本最大のグルメサイトの売り物は〈口コミ〉と名付けられた店のコメント欄です。

著名な料理評論家などではなく、市井《しせい》の、それも匿名でコメントを書いていることから便宜上〈口コミ〉としたのでしょうが、いつの時代にも言葉は常にひとり歩きをします。

どんなにそれが〈マス〉になったとしても、顔を出さない、匿名性のある一般人の言だから〈口コミ〉だとする論理は、やや強弁だとしても、容認されても仕方がないでしょう。大宅先生ご存命であれば、苦笑いされる程度で済むに違いありません。

しかしながらこのムックの表紙に記された〈口コミ〉の文字には、造語者として、大いに立腹されるだろうと思います。なぜならそれが誤用を超えて、ねじまげられているからです。

大宅氏が〈口コミ〉という言葉を作った裏には、〈マスコミ〉という表層を信用できない、という側面があったはずです。つまりは〈口コミ〉とは、利害関係が及ばない市井の民の声を表す言葉として、お作りになったものだと思います。

〈マスコミ〉は信用できないが、〈口コミ〉は信用できるといった空気が、いつの間にか出来上がっています。

このムックが〈口コミ〉という言葉を前面に打ち出した最大の理由は、きっとそこにあったのでしょう。

――媒体としては大手出版社が編集した〈マスコミ〉だけど、中身は〈口コミ〉だから信用していいですよ――

そう言いたかったのでしょうが、残念ながらこのムックは、本来の〈口コミ〉とは似て非なるものになっていました。

〈口コミ〉として紹介されているお店は、すべて京都在住の有名人が推薦したもので、匿名ではなく、それぞれが実名で推薦理由を語っておられます。これを〈口コミ〉と言ってしまえば、紹介者の名を明記したお店紹介の記事は、すべて〈口コミ〉ということになってしまいます。

名の知れた方が名前を出して紹介していれば、それはもう〈マスコミ〉以外の何ものでもないのです。どこをどう解釈しても〈口コミ〉にはなりません。

たとえばテレビ番組などで、著名なタレントさんが行きつけの店として、レストランを推薦したりしますが、それを〈口コミ〉として紹介したりはしないはずです。賢明な視聴者は、そのタレントさんと店のあいだに何かしら、特別な関係があるのでは？　とフィルターを通して観ているでしょう。きっと有名人だから特別待遇を受けているのだろう、とも思っているかもしれません。

〈マスコミ〉の世界にいる人の言は〈口コミ〉ではありません。それと同じく、京都という街において、名の知れた京都人の言は〈口コミ〉ではないのです。僕もそうです。柏井壽という人間がメディアを通してお店を紹介すれば、それを〈口コミ〉とは呼びません。

京都というのは極めて狭い街です。その中で生きてゆくには、様々な人間関係、しがらみといったものと無縁でいられるわけがないのです。馴れ合いと言えば、言葉が過ぎるかもしれませんが、そういう関係なくして、円満に京都で暮らすのは難しいのです。その馴れ合いを排さなければ、こんな本は書けないのです。

利用されるブロガー

今の時代、口コミと言えばグルメサイトですね。ありとあらゆる飲食店を網羅したウェブサイトでは、その最大の売り物が口コミ欄だといいます。

店のデータ情報だけなら、ほかにもたくさんグルメサイトがありますが、豊富な口コミ投稿で知られるこのサイトは圧倒的な人気を誇っています。

最近では、その投稿者にもファンが付いているそうで、中にはグルメ本を出版するレビュアーさんもいらして、匿名ながら有名人、といういくらかいびつな形になっています。

では、その有名レビュアーと呼ばれる人たちの、いわゆる口コミというものが、どこまで信用できるかといえば、これがなんとも心もとないのです。

しばらく前に、名の知れたレビュアーさんと店側の癒着ぶりが、週刊誌報道によって暴露されました。

投稿にはハンドルネームを使っているのですが、その名を使って店に食事に行っているそうですから、匿名性はないに等しいですね。

当然のことながら、店にとってレビュアーさんは一般客より大事です。影響力の大きいレビュアーさんにネガティブなことを書かれないように、最大限に気を遣うことでしょう。そしてそれはいつしか特別待遇に変わり、やがて接待へと繋がってゆくのです。週刊誌にそう書いてありましたが、そうなるであろうことは容易に想像できます。

となれば、それはもうアマチュアではなく、限りなくプロに近いですね。週刊誌の言葉を借りれば、タカリの構造まで生まれているそうですから、口コミとはほど遠い世界だと思います。

店に行けば特別待遇を受け、しかも無料で食事できるとなれば、誰が辛辣《しんらつ》な評など書くでしょうか。レビューで絶賛しておけば、また次回もゴチになれるはずだ。普通の人間ならそう思って当然です。

こうして、限りなくプロに近いグルメブロガーさんやレビュアーさんは、勘違いという深みにはまってゆくのです。いっぱしの有名人気取りになって、シェフを愛称で呼ぶようになってしまいます。

いっぽうで店側は、これをうまく利用しようとして過剰接待に走るのです。

ここで少し内輪話をすると、最近はレストラン業界だけでなく、ホテル業界も有名ブロガーさんを重用しているそうです。

かつてニューオープンホテルの、オープニングレセプションといえば、著名なメディアに限られていたのが、最近ではブロガーさんを招待することも増えていると聞きます。

――接待慣れしてないからでしょうか。招待宿泊を受けたブロガーさんは、舞い上がっちゃって、べたぼめしてくれるので、とても有難いんです――

だそうです。

結果、レストランもホテルも、口コミもどきのＰＲ情報が、ネット上にあふれかえることになります。

困ったことに、そのカラクリに気付かない人たちは少なくないのです。

――雑誌やテレビのメディア情報は信用しないが、ブログをはじめとする、ネットの口コミは信用する――

少々名の知れたグルメブロガーさんがいて、この人のセールスポイントは、一年に数百軒食べ歩くサラリーマン。

純粋無垢な人は、これを聞いて、すごい！　と尊敬の眼差しを向けるのでしょうが、普通に考えれば、〈そんなバカな〉となるはずです。一日の休みもなく毎日食べ歩いたとしても三百六十五軒にしかなりません。普通のビジネスマンの方が一年に数百軒も食べ歩けるわけがないでしょう。食べることを仕事にしていなければ無理な数字だと思います。

それが明るみに出た事件があって、過去に自分がメディアで紹介した店に、自らコンサルをする旨の案内状を送ったのだそうです。

これには鼻白んだ飲食店オーナーも多くいたようですが、そんなことはつゆ知らぬ一般人のあいだでは、今もって〈ランチのカリスマ〉的存在であり続けているようです。

繰り返しになりますが、口コミとは、人の口から口へ、何ものも介在せずに伝わってゆくことを表す言葉です。だからこそ信用度が高いのであって、恣意《しい》的にインターネットという、即時に世界に広がるツールを介在させて拡散すれば、もはや口コミでもなんでもない、ただのネット情報に過ぎないものだということを、再度確認しておきたいですね。

ではいったい何を信用すればいいのでしょう。雑誌やテレビの店紹介か。はたまた有名料理評論家の言でしょうか。

あふれる店情報

インターネットの急速な発達は、食に限らず、世の中に情報を溢れかえらせる結果を生みました。

食の口コミサイトから、個人のグルメブロガーさん、食雑誌や女性誌のサイト、更にはSNSに至るまで、日本中の飲食店情報は、すべて網羅され尽くしているといっても過言ではないと思います。

とりわけ口コミサイトは、留まることを知らないかのように、増殖し続けています。

八十八万軒もの飲食店が掲載され、その口コミ総数は二千万件を超えるというのですから、ただただ驚くばかりですね。

どこそこの店で、かくかくしかじかの料理を食べた。ただそれだけのことを口コミサイトに書き込みたい、という人がこれほど多いということにまず驚きます。

読んだ本のこと、観た映画のこと、聴いた音楽のことを書きたいという人が、果たしてどれほどいるでしょうか。比べるまでもありませんね。

〈読むログ〉や〈観るログ〉、〈聴くログ〉などがあったとしても、極めて限られた人たちだけのもので終わってしまうに違いありません。

自らの存在感をアピールするのに、手軽で効果的なアイテムが、食の口コミサイト。或る評論家さんがそうおっしゃっていましたが、なるほどと膝を打ちました。

ただ、その内容はまさに玉石混淆。中にはウソ八百に近いものもあるのです。

九州を代表する都市の町はずれに、小さな鶏料理屋さんがあって、馴染みというほどではありませんが、近くに行ったときはよく暖簾をくぐります。

このお店は地元の方に連れて行ってもらったのが最初です。お店の場所がすごく分かり辛いので、たまたま通りがかって入るようなところではありません。ほとんどが常連客で、それもほぼすべてがご近所さんというお店なんです。

どこかで噂を聞きつけられたのでしょう。食通で知られるタレントさんがその店を訪れ、鶏料理を雑誌で絶賛したことから話は始まります。

食通のタレントさんは仁義を守って、店の名も在り処も明かさなかったのですが、今の世の中、隠し通すのは困難なようです。きっと血眼《ちまなこ》になって捜し当てられたのでしょう。とあるグルメブロガーさんがその店を訪ねたときのことを投稿されました。

このお店はいっぷう変わった料理の出し方をされます。最も特徴的なのは焼鳥をお客さんに出すとき、わざわざ串から外してお皿に載せるのです。なんでも串先が歯茎に刺さってケガをしたお客さんがいらしたからだそうで、もう二十年近くこのスタイルを続けていると聞きました。ところがこのブロガーさんの投稿には、〈前歯を使って、串からレバーを外した瞬間、脳天を突き破る官能に震えた〉と書いてあったのです。

僕の記憶では、このお店では、肝は焼かずに生姜の千切りと一緒に煮付けていたはずなんです。甘辛煮がとても美味しかったので、ご主人に訊ねると、肝は焼かない、と断言しておられました。

明らかな間違いがあったので、お店からの申し出でこの口コミは削除されたと聞きましたが、実際に行ってもいないのに、想像だけで書いた口コミは決して少なくないといいます。困ったことですね。

つまりは口コミウェブサイトも、グルメブログもどこまでが真実かは疑ってかからないとダメだということなのです。

では評価点数はどうでしょう。信用していいのでしょうか。繰り返し書いていますが、どうにもアヤシイと思います。

口コミサイトでは五点満点で評価がなされています。サイトを見てみますと、最高得点を得ているのは、本稿を書いている時点では、六本木の和食店になっています。なんと四・九点という高得点をたたき出しているのです。満点といってもいいでしょう。

ここがどんなお店かといえば、完全紹介制、夜は二人以上で、最低価格が三万円とありました。

これほど高いハードルの店にもかかわらず、口コミの数は百五十を超えています。その平均値をとってもこの数字なのですから、書き込んだほぼ全員が満点近い点数を付けたことになります。

なぜこれほどの高得点になるのでしょうか。行ったこともないのであれこれ言う資格はないのかもしれません。無論純粋に内容が素晴らしいのでしょうが、群を抜いて点数の高い店には、或る共通点が見受けられます。

それは、店側がイニシアティブを握っているということです。

紹介制ということは即ち、客の氏素性が知られていて、かつ紹介者は保証人的な存在でもあります。となればネガティブな口コミなど投稿できるはずがありません。お店側はすぐにその投稿者を特定できるのですから。必然的に高評価、高得点になる、というカラクリです。

紹介制の店が持て囃される理由

完全紹介制の店は、なぜ高得点になるのでしょうか。

紹介者が店とのあいだに介在していることから、ネガティブなことを投稿し辛く、いきおい点数も高くなる。これを第一の理由としましたが、第二はアウェイ感だろうと思います。

紹介者がいないと入れない店となれば、イニシアティブは完全に店側が握っているわけで、つまり客側は最初から〈店に入らせてもらう〉姿勢にならざるを得ません。そしてお金を払うのは客の側なのに、〈食べさせていただく〉という、〈へりくだった姿勢になってしまうわけです。

〈食べさせていただく〉のですから、喩えれば、上司と一緒にゴルフコースをラウンドするようなものですね。

少々へたなショットであっても、上司とあらば、ナイスショットとほめなければなりません。あれと同じ感覚です。

――今の一打は、もっと強く打ったほうがよかったんじゃないですか？――

などとは、口が裂けても言えません。

それと同じように、

――今の料理はもっと薄味にすればよかったのではありませんか？――

などと言えようはずがないではありませんか。多少の違和感を覚えたとしても、素人の客が料理に異を唱えたりすれば、紹介者の顔をつぶすだけでなく、以後は出禁になる可能性もあります。ここは穏便にしておかねば、となるわけです。

要するに、上司をおだてるのと同じく、料理人を気持ちよくさせなければ、今後に影響するのは必定。それにはほめるしかないのです。

そしてもうひとつ。完全紹介制の店や予約困難な高級店の点数がなぜ高くなるか。その最大の理由は、使用する食材の高級度、もしくは高額度です。

フォアグラやフカヒレ、キャビアなどの、希少で高額な食材をふんだんに使って調理するのも、この手の店ではよくあることで、中には最近の流行に乗って野菜を多用するところもありますが、それとてただの野菜ではなく、由緒正しきものです。

誰それさんという農家が丹精込めて育てた野菜、カリスマ漁師が釣り上げた魚、ブランド牛を熟成させた肉などなど。選りすぐった食材を使っていると言われれば、客はひれ伏すしかないわけです。

原価率が高く、希少性もある食材を使った料理にダメ出しすれば、味覚音痴を疑われてしまう。お客さんはそう思ってしまいます。

かくして完全紹介制や予約困難な料理店は、必然的に評価が甘くなり、点数も高く、順位も上にくるという仕組みになっているのです。

おしなべて食の口コミサイトで特徴的なのは、一部のマニアックな店を除けば、ランキングの上位は高額店ばかりであることです。普段遣いの食堂が上位に来ることなどはまずありません。

はたしてこの流れはいつまで続くのでしょうか。

バブルのころならいざ知らず。高額で贅沢な料理が高く評価され、普通の料理が低きに置かれるというのは、いささか時代錯誤ではないか。僕はそう思うのです。

一方で、家庭料理については、まったく逆の流れになっているのが興味深いところです。

皇室から一般家庭へ嫁がれることになった眞子さまには、少々不本意な経過を辿っておられるようで、ただただ吉報を待つばかりです。

それはさておき、最初の発表の際、話題になった書籍がありました。一か月の食費を二万円でまかなうためのノウハウを書いた本です。皇室を離れ、一般家庭となれば、夫婦ふたり分の食費はそれくらいが妥当なのです。

料理研究家の土井善晴さんは、〈一汁一菜〉を提唱し、簡素な食事をすすめておられます。更にさかのぼれば、辰巳芳子さんが長く推奨されてきた具だくさんのスープなども、同じ発想ですね。土井さんも辰巳さんも、食は簡素を旨とすべし、が本意だろうと思います。しばしば誤用されますが、簡素と質素は違います。ましてや粗末とは根本的に異なるのです。

――こういう粗末な料理も、たまにはいいものだな――

とあるタレントさんの、テレビ番組で茶粥を食べたときの感想を聞いて、驚いてしまいました。

粗末というのは、作り方が雑だったり、質が劣っていたりすることを言うのであって、必要最小限に留める意の簡素とはまったく別ものなのです。

たまの贅沢として、三万円を超えるような外食もいいでしょう。でもそれは本当に特別なことであって、日常の食とはかけ離れた存在であることを、決して忘れてはいけないと思うのです。

僕はお店や料理に点数を付けることは好みません。極めて主観的であって、客観性のない評価をお店にも料理にも下したくないのです。

たとえばそれが自分の子どもだったとすればどうでしょう。或いは孫でもかまいません。あなたの子どもは三・五だ。隣の子どもは四・二だけど。そう言われて納得できるでしょうか。ましてやそれを公にされて。僕なら極めて不快に感じます。

子どもたちには個性こそあれ、優劣などありません。と同じだと思うのです。一杯五百円のおうどんが劣っていて、ひとり三万円の料理が優れている、なんてことは断じてありません。それぞれ、真摯に料理と向かい合って作られたものなら、どちらも尊いはずです。

そう思うので、いっさい点数を付けたりしませんし、

――今まで食べた中でこれが一番だ――

とも言いません。今まで食べたほかの店に失礼だと思うからです。

――今まで出会った中で、きみが一番きれいだ――

そんなことを平気で女性に言う人は、必ずそれを更新します。それを分かっている聡明な

女性なら、こんな言葉に喜んだりはしません。むしろ無神経で無礼な言葉に怒りすら覚えるはずです。

失礼や無礼な言葉遣いに麻痺してしまっておられる方が増えてきたように思います。そもそもほかと比較すること自体が失礼だと僕は思っています。

なぜ僕がグルメぎらいになったかと言えば、今の時代にグルメと呼ばれる方たちは、ほぼすべての方が、ほかの店や料理と平気で比較なさるからです。

比較せずにほめることができないのでしょうか。点数を付けたり、格付けしたりせずに、ただただ食を純粋に愉しむことはできないのでしょうか。

市井という言葉が好きです。

ありふれた、どこにでもあるものを愛することは、とても素敵なことです。

最近、京都での定宿に加わったホテルの近くで、一軒のおうどん屋さんを見つけました。京都に古くからある有名な通りに面しているのですが、あまりに街並みに溶け込んでいるせいか、まったく目立ちません。ちゃんと暖簾も上がっているのですが、つい通りすぎてしまうのです。

きっと古くからあるのでしょう。お店の中は古色蒼然としています。時間が止まったままのようなお店です。四人掛けと六人掛けのテーブルがそれぞれひとつずつ。奥が厨房になっているようです。

メニューを見て驚きました。昭和のころそのままの値段なのです。五百八十円と書かれている〈鍋焼きうどん〉を注文しました。

しばらくして、ぐつぐつ煮え立った〈鍋焼きうどん〉が運ばれてきました。運んでこられたのは、割烹着を着た背中の曲がったおばあさんです。お茶と一緒にお盆に載ったおうどんからは、とてもいい匂いが漂ってきます。

これがとっても美味しいのです。海老天、かまぼこ、ネギ、おつゆ、そしておうどん。どれもがちゃんと美味しいのです。肉は入っていません。肉入りだと六百八十円と書いてありましたが、このお店ではみんな肉なしを食べているのです。このお店の〈鍋焼きうどん〉を食べ終わって頭に浮かんだのが、簡素という言葉です。贅沢とはほど遠いものでしたが、気持ちがとても豊かになりました。清々しいとも言えるほどの満足感でした。

と、自転車のブレーキの音が外から聞こえてきて、岡持ちを手にした男性が店に入ってきました。そのあとのやり取りを聞いていると、どうやらこの男性は、おばあさんの息子さんのようです。例によって僕はそんなことをいちいち聞かないので、違っているかもしれません。勝手な想像です。

絶対にあり得ないことですが、もしも、もしも僕が点数を付けるとすれば、この〈鍋焼きうどん〉には四・九を付けたいと思います。

いや。やはりやめておきます。点数を付けるようなものではありませんでした。でも、もしも天と地がひっくり返ったら、そうしたいと思います。

美味しいものを食べることは、文句なく愉しいことです。沈んでいた気持ちだって浮き上がります。辛いことがあっても、美味しいものが忘れさせてくれます。

落ち込んでいても、美味しいものを食べれば、明日もがんばろう、という気になります。

そんなたいせつな食を、一部のグルメと呼ばれる人たちによって乱されたくないのです。

ただただ、そんな思いでこの本を書きました。

美味しいものを食べることだけがグルメではありません。美味しく食べることこそが、本当のグルメだと思います。そんなグルメなら、きらいどころか大好きです。

昔からあるような街の小さな食堂で、一杯の簡素な鍋焼きうどんを食べて、心底美味しいと思える気持ちを、これからもずっと失わずにいたいと思っています。

おわりに

好きと嫌いは裏表と言われるように、きらいと言いながら実はすきだったりするのは、よくあることのようです。

最後までお読みいただいた方には、よくお分かりかと思いますが、僕は食べることが大好きです。美味しいものを食べるために仕事をしていると言ってもいいくらいです。

朝起きたらすぐに、お昼ごはんは何にしようかと頭を悩ませ、一日の仕事を終えるころには夕餉《ゆうげ》のことで頭がいっぱいになります。

それをしてグルメと呼ぶなら、グルメぎらいどころか、グルメ大好き人間だと思います。

しかしながら今の時代は、もっと別のことをグルメと呼ぶようになったのです。

たとえば、何か月も前から予約して三ツ星レストランを食べ歩くとか、食材や調理法の知識が豊富、はては有名料理人と懇意にしているなど、食の奥深いところまで入り込まないと、グルメとは呼ばないようです。

それはそれで悪いことではありませんが、どうも食の本質からは外れてしまっているように思えます。本当に美味しいものを食べることより、〈ひけらかし〉のために食が使われているような気がしてなりません。とても寂しい思いです。

歳を取ったせいでしょうか。頭で食べることが面倒になってきました。食材の産地がどうだとか、それをどう料理したかなどを考えながら食べても美味しく感じないのです。それより、「なんだかよく分からないけど美味しかった」を清々しく感じるようになりました。

特別なもの、より、ふつうのもの。市井という字が似合うもの。どこにでもあるもの。

そういうものに美味しさを見つけることが愉しくなってきたのです。

港の食堂で、漁師さんがウスターソースをじゃぶじゃぶ掛けて、ご飯にのせて食べていたアジフライ。駅前の中華屋さんで、おじいさんが黙々と食べていた焼飯。乗り換えのわずかな時間を使って、制服姿の高校生がホームの端っこで勢いよくかき込んでいた立ち食い蕎麦。

どれもあまりに美味しそうだったので、真似て食べてみたら、それはもう至福の味わいでした。すべて申し訳ないような価格で食べられたことは、言うまでもありませんね。

贅を尽した美食や、希少な食を追い求めるのではなく、ありふれた、どこにでもある食をもう一度見直してみませんか。

本書で僕が一番言いたかったのは、そういうことなのです。そのために、グルメぎらいという言葉を思いつき、タイトルにしました。いささか刺激的すぎたかもしれませんが、本意をご理解いただければ嬉しく思います。ふつうに美味しいものを、ふつうに美味しい、と言える時代になってほしい。そう思って書き綴ったのが、このグルメぎらいです。

そして、今のいびつなグルメブームは、謙虚さや感謝の気持ちという、長く日本人が保ち続けて美徳を忘れ去っていることを、深く憂いています。見た目やうんちくばかりにとらわれてしまい、食を通じて心を通わせることを忘れてしまっては、本質から大きく外れかねません。

食に対する姿勢を通じて、日本ならではの美しい生き方、心根が、深く、広く、そして長く伝わっていくことを心より願ってやみません。

二〇一八年三月　　柏井　壽

柏井壽（かしわいひさし）
1952年京都府生まれ。'76年、大阪歯科大学卒業後、京都市北区に歯科医院を開業。生粋の京都人であり、かつ食通でもあることから京都案内本を多数執筆。テレビ番組や雑誌の京都特集でも監修役を務める。『日本百名宿』（光文社知恵の森文庫）、『京都人のいつものお昼』（淡交社）、『できる人の「京都」術』（朝日新書）、『京都の定番』（幻冬舎新書）、『二十四節気の京都』（PHP研究所）など著書多数。「鴨川食堂」シリーズ（小学館）や「名探偵・星井裕の事件簿」シリーズ（柏木圭一郎名義）など、小説家としても活動する。

グルメぎらい

2018年4月30日初版1刷発行

著　者 —— 柏井壽
発行者 —— 田邉浩司
装　幀 —— アラン・チャン
印刷所 —— 萩原印刷
製本所 —— ナショナル製本
発行所 —— 株式会社光文社
東京都文京区音羽1-16-6（〒112-8011）
https://www.kobunsha.com/
電　話 —— 編集部03（5395）8289　書籍販売部03（5395）8116
業務部03（5395）8125
メール —— sinsyo@kobunsha.com

 ISBN 978-4-334-04349-0

911

炭水化物が人類を滅ぼす【最終解答編】

植物vs.ヒトの全人類史

夏井睦

前作で未解決だった諸問題や、「糖質セイゲニストの立場から生命史・人類史を読み直す」という新たな試みに挑む。19世紀的知識の呪縛とシアノバクテリアの支配から人生を取り戻す。

978-4-334-04317-9

912

労働者階級の反乱

地べたから見た英国EU離脱

ブレイディみかこ

トランプ現象とブレグジットは似て非なるものだった！　英国在住、労働者のど真ん中から発信を続ける保育士兼ライターが、常に一歩先を行く国の労働者達の歴史と現状を伝える。

978-4-334-04318-6

913

ブラック職場

過ちはなぜ繰り返されるのか？

笹山尚人

電通の社員だった高橋まつりさんの過労死事件は、私たちの社会に大きな課題を突きつけた。なぜ、ブラックな職場はなくならないのか？　豊富な事例を交え、弁護士が解決策を示す。

978-4-334-04319-3

914

2025年の銀行員

地域金融機関再編の向こう側

津田倫男

地銀・第二地銀、信金・信組の再編が進まない理由は、勲章にあった!?——最新情報に基づく地域金融機関の再編予測と、その中でも生き残る銀行員・地金《ちきん》パーソン像を解説。

978-4-334-04320-9

915

医学部バブル

最高倍率30倍の裏側

河本敏浩

「東大文系より私立医学部」の時代——医学部進学予備校を主宰する著者が、その最前線の闘いを活写。また、豊富な指導経験をベースにした効果的な勉強法を提示する。

978-4-334-04321-6

916
女子高生　制服路上観察
佐野勝彦

膝上スカート、ずり下げリボン、なんちゃって制服…「だらしない」では現象の本質は見えない。街で20年、観察とインタビューをしてきた著者が明かす10代のユニフォームの全て。

978-4-334-04322-3

917
「家事のしすぎ」が日本を滅ぼす
佐光紀子

「手づくりの食卓」「片付いた部屋」……「きちんと家事」への憧れと呪縛が日本人を苦しめる——。多くの聞き取りや国際比較を参照しながら気楽な家事とのつきあい方を提案する。

978-4-334-04323-0

918
結論は出さなくていい
丸山俊一

『ニッポンのジレンマ』『英語でしゃべらナイト』『爆笑問題のニッポンの教養』等、NHKで異色番組を連発するプロデューサーによる逆転の発想法。強迫観念・過剰適応の時代のヒント。

978-4-334-04324-7

919
精神鑑定はなぜ間違えるのか？
再考　昭和・平成の凶悪犯罪
岩波明

附属池田小事件、新宿・渋谷セレブ妻夫バラバラ殺人事件、池袋通り魔殺人事件、連続射殺魔・永山則夫事件、帝銀事件——ベストセラー『発達障害』の著者が明かす精神医学の限界。

978-4-334-04325-4

920
ラーメン超進化論
「ミシュラン一つ星」への道
田中一明

近年、ラーメン店主たちの調理技術は飛躍的に向上し、ついにミシュランの星を獲得する店も誕生。1杯1000円に満たない値段で体験できるその奥深き世界を、「ラーメン官僚」がレポート。

978-4-334-04326-1

921
コミュニティー・キャピタル論
近江商人、温州企業、トヨタ、長期繁栄の秘密
西口敏宏　辻田素子

優れたパフォーマンスを示すコミュニティーの特徴とは？　経済繁栄はいかに生まれ、長く維持されるのか。最新のネットワーク理論とフィールド調査から、ビジネスのヒントを探る。

978-4-334-04327-8

922
手を洗いすぎてはいけない
超清潔志向が人類を滅ぼす
藤田紘一郎

手洗いに石けんはいらない。流水で一〇秒間だけでいい。きれい好きをやめて、もっと免疫を強くする術を名物医師が提唱。あなたの常識をガラリと変える、目からウロコの健康法！

978-4-334-04328-5

923
雲を愛する技術
荒木健太郎

豊富なカラー写真と雲科学の知見から、身近な存在でありながら本当はよく知られていない雲の実態に迫っていく。雲研究者が愛と情熱を注ぎこんだ、雲への一綴りのラブレター。

978-4-334-04329-2

924
追及力
権力の暴走を食い止める
望月衣塑子　森ゆうこ

森友・加計問題の質疑で注目される新聞記者と政治家が「問う意味」を巡り大激論。なぜ二人は問題の本質を見抜けたのか？　一強多弱の今、ジャーナリズムと野党の意義を再考する。

978-4-334-04330-8

925
美術の力
表現の原点を辿る
宮下規久朗

絵画とは何か、一枚の絵を見るということは、芸術とは――。初めてのイスラエルで訪ね歩いたキリストの事蹟から、津軽の供養人形まで。美術史家による、本質を見つめ続けた全35編。

978-4-334-04331-5

926
応援される会社
熱いファンがつく仕組みづくり
新井範子　山川悟

単なる消費者ではなく能動的な「応援者」を増やすことが、生涯顧客価値を高めていく――。熱いファンによって支えられる国内外の会社の事例をもとに、「応援経済」をひもといた。

978-4-334-04332-2

927
1985年の無条件降伏
プラザ合意とバブル
岡本勉

'80年代、あれほど元気でアメリカに迫っていた日本経済が、なぜ「失われた20年」のような長期不況に陥ってしまったのか？　現代日本史の転換点を臨場感たっぷりに描く。

978-4-334-04333-9

928
老舗になる居酒屋
東京・第三世代の22軒
太田和彦

佳き酒、肴は、店主の誠実さの賜。東京に数ある居酒屋の中で、開店から10年に満たないような若い店だが、今後老舗になっていきそうな気骨のある22軒を、居酒屋の達人・太田和彦が訪ね歩く。

978-4-334-04334-6

929
患者の心がけ
早く治る人は何が違う？
酒向正春

良い医療、良い病院を見分けるには？　多くの患者さんに奇跡をもたらしてきた脳リハビリ医が語る、医療の真髄――医療の質、チーム医療、ホスピタリティ――と回復への近道。

978-4-334-04335-3

930
メルケルと右傾化するドイツ
三好範英

メルケルは世界の救世主か？　破壊者か？　メルケルの生涯と業績をたどり、その強さの秘密と危機をもたらす構造を分析する。山本七平賞特別賞を受賞した著者による画期的な論考。

978-4-334-04336-0

931
常勝投資家が予測する日本の未来
玉川陽介

空き家問題、人工知能によってなくなる仕事、新たな基幹産業、国策バブルの着地点——。「金融経済」「情報技術」「社会システム」の観点から「2025年の日本」の姿を描き出す。

978-4-334-04337-7

932
誤解だらけの人工知能
ディープラーニングの限界と可能性
田中潤　松本健太郎

人工知能の研究開発者が語る、第3次人工知能ブームの終焉の可能性と、ディダクション(演繹法)による第4次人工知能ブームの幕開け。人工知能の未来を正しく理解できる決定版！

978-4-334-04338-4

933
社会をつくる「物語」の力
学者と作家の創造的対話
木村草太　新城カズマ

AI、宇宙探査、核戦争の恐怖…現代で起こる事象の全ては「フィクション」が先取りし、世界を変えてきた。憲法学者とSF作家が、現実と創作の関係を軸に来るべき社会を描く。

978-4-334-04339-1

934
「女性活躍」に翻弄される人びと
奥田祥子

女の生き方は時代によって左右される——。人びとの等身大の本音を十数年に及ぶ定点観測ルポで掬い上げ、「女性活躍」推進のジレンマの本質を解き明かし、解決策を考える。

978-4-334-04340-7

935
検証 検察庁の近現代史
倉山満

国民の生活に最も密着した権力である司法権。警察を上回る権限を持つ検察とはいかなる組織なのか。注目の憲政史家が、一つの官庁の歴史を通して日本の近現代史を描く渾身の一冊。

978-4-334-04341-4

936
最強の栄養療法「オーソモレキュラー」入門
溝口徹

がん、うつ、アレルギー、発達障害、不妊、慢性疲労…etc. 全ての不調を根本から改善し、未来の自分を変える「食事と栄養素の力」とは。日本の第一人者が自身や患者の症例を交え解説。

978-4-334-04342-1

937
住みたいまちランキングの罠
大原瞠

便利なまち、「子育てしやすい」をアピールするまち、イメージのよいまち、ランキング上位の住みたいまちは、本当に住みやすいのか？　これまでにない、まち選びの視点を提示。

978-4-334-04343-8

938
空気の検閲
大日本帝国の表現規制
辻田真佐憲

エロ・グロ・ナンセンスから日中戦争・太平洋戦争時代まで、大日本帝国期の資料を丹念に追いながら、一言では言い尽くせない、摩訶不思議な検閲の世界に迫っていく。

978-4-334-04344-5

939
藤井聡太はAIに勝てるか？
松本博文

コンピュータが名人を破り、今や人間を超えた。しかし藤井はじめ天才は必ず現れ、歴史を着実に塗り替えていく。奇蹟の中学生とコンピュータの進化で揺れる棋界の最前線を追う。

978-4-334-04345-2

940
AI時代の新・ベーシックインカム論
井上智洋

未来社会は「脱労働社会」――。ベーシックインカムとは何か。財源はどうするのか。現行の貨幣制度の欠陥とは。導入最大の壁とは。AIと経済学の関係を研究するパイオニアが考察。

978-4-334-04346-9

941
素人力
エンタメビジネスのトリック?!
長坂信人

「長坂信人を嫌いだと言う人に会った事がない」――秋元康氏。超個性的なメンバーを束ねる制作会社オフィスクレッシェンド代表による仕事術、経営術とは？　堤幸彦監督との対談も収録。

978-4-334-04347-6

942
東大生となった君へ
真のエリートへの道
田坂広志

東大卒の半分が失業する時代が来る。その前に何を身につけるべきか？　高学歴だけでは活躍できない。論理思考と専門知識が価値を失う「人工知能革命」の荒波を、どう越えていくか？

978-4-334-04348-3

943
グルメぎらい
柏井壽

おまかせ料理ではなくお仕着せ料理、味よりもインスタ映え、料理人と馴れ合うブロガー。今のグルメ事情はどこかおかしい――。二十五年以上食を語ってきた著者による、覚悟の書。

978-4-334-04349-0

944
働く女の腹の底
多様化する生き方・考え方
博報堂キャリジョ研

今の働く女性たちは何を考え、どう生きているのか？「キャリア（職業）を持つ女性」＝通称「キャリジョ」を徹底分析。多様化する、現代を生きる女性たちのリアルに迫る。

978-4-334-04350-6

945
日本の分断
切り離される非大卒若者《レッグス》たち
吉川徹

団塊世代の退出後、見えてくるのは新たな分断社会の姿だった――。計量社会学者が最新の社会調査データを元に描き出す近未来の日本。社会を支える現役世代の意識と分断の実態。

978-4-334-04351-3